FRANKFURTER BIBLIOTHEKSSCHRIFTEN Band 18 · 2016

BERNHARD TÖNNIES

Von
äthiopischen Handschriften und
ausgelagerten Büchern

Die Auslagerung der Frankfurter Bibliotheken im
Zweiten Weltkrieg und die Sammlung Rüppell:
der Verlust einiger Handschriften und ihre
Wiederauffindung

Mit einem Beitrag von Annemarie Kasper
zur Manuskriptsammlung von Eduard Rüppell

KLOSTERMANN · FRANKFURT AM MAIN

Bibliographische Information der Deutschen Nationalbibliothek
Die Deutsche Nationalbibliothek verzeichnet diese Publikation in der
Deutschen Nationalbibliographie; detaillierte bibliographische Daten
sind im Internet über *http://dnb.dnb.de* abrufbar.

Frankfurter Bibliotheksschriften Band 18
Herausgegeben von den Freunden der Universitätsbibliothek
Frankfurt am Main e. V.

© 2016 Freunde der Universitätsbibliothek Frankfurt am Main e. V.
Druck und Bindung: docupoint GmbH, Barleben
ISBN 978-3-465-03962-4
ISSN 1612-7714

Inhalt

Zum Geleit

Der vorliegende Band 18 der Frankfurter Bibliotheksschriften bietet Bibliotheksgeschichte unter sehr speziellen Aspekten. Daß unsere Bibliothek viele Spezialsammlungen ihr Eigen nennt, ist bekannt; auf welche Weise aber auch äthiopische Handschriften in den Bestand kamen, ist wert erläutert zu werden. Der Beitrag von Frau Annemarie Kasper, ehemals in der Afrika-Abteilung tätig, führt uns dazu ins frühe 19. Jahrhundert und zu den abenteuerlichen Forschungsreisen Eduard Rüppells.

Wie viele Bibliotheken und Museen hat auch die Frankfurter Bibliothek ihre Bestände im Zweiten Weltkrieg aus dem durch Luftangriffe bedrohten Standort auslagern müssen. Sie wurden nach Mitwitz in Oberfranken und Umgebung verbracht. Unter welchen Bedingungen die Auslagerung erfolgte, wie der Bibliotheksbetrieb unter den schwierigen Verhältnissen sich gestaltete, wie die äthiopischen Handschriften verloren gingen – das schildert der Leiter der Handschriftenabteilung, Herr Dr. Bernhard Tönnies, in diesem Band.

Wir sind Herrn Tönnies dankbar, daß er das Wiederauftauchen zweier Handschriften – 65 Jahre nach ihrem Verlust – zum Anlaß genommen hat, sich dieser auch für die Bibliothek so düsteren Zeit zuzuwenden, und daß es ihm nach so langer Zeit sogar geglückt ist, die näheren Umstände des Verlustes in fast kriminalistischer Weise aufzuklären.

Für mich persönlich war es eine besondere Freude, bei dieser Gelegenheit eine frühe Phase im Berufsleben von Frau Hildegard Hüttermann kennenzulernen, die energisch-zupackend an der Herausgabe der von Hanns Wilhelm Eppelsheimer und Clemens Köttelwesch begründeten „Bibliographie der deutschen Sprach- und Literaturwissenschaft" beteiligt war und diese bis in ihr letztes Lebensjahr engagiert begleitet hat. Ich wünsche dem Band eine interessierte Leserschaft!

Vittorio E. Klostermann

Wertvolle Handschriften wieder in Frankfurt

Frankfurter Allgemeine Zeitung vom 27. August 2011

Abessinien vom Dachboden

Frankfurter Rundschau vom 27./28. August 2011

Gut verborgene Schätze

Offenbach-Post vom 27. August 2011

Seltene Handschriften entdeckt

Frankfurter Neue Presse vom 26. August 2011

Die verworrenen Wege zweier Bücher

Wetterauer Zeitung vom 13. Oktober 2011

Schatz auf dem Dachboden

Uni-Report vom 21. Oktober 2011

So titelte die Presse:
Überschriften zu Zeitungsartikeln aus dem Jahr 2011

Vorwort

In der Universitätsbibliothek Johann Christian Senckenberg Frankfurt am Main gab es im Jahr 2011 den seltenen und in der Presse viel beachteten Fall, daß zwei äthiopische Handschriften, die seit 1945 verschollen waren, wiederaufgefunden und zurückgegeben wurden.

Sie gehören zur Sammlung des Frankfurter Afrikaforschers Eduard Rüppell (1794–1884), der die insgesamt 23 Handschriften auf seiner zweiten Forschungsreise, die ihn zwischen Dezember 1830 und Februar 1834 nach Ägypten, zum Roten Meer und nach Äthiopien führte, erworben und später der Stadtbibliothek seiner Heimatstadt überlassen hatte.[1] Die Sammlung wurde am Ende des 19. Jahrhunderts von dem Orientalisten Lazarus Goldschmidt durch einen wissenschaftlichen Katalog erschlossen.[2]

Während des Zweiten Weltkriegs waren die Handschriften der Sammlung Rüppell zusammen mit den übrigen wertvollen Beständen der Frankfurter Bibliotheken nach Oberfran-

---

[1] Eduard Rüppell berichtet über diese Reise in seiner zweibändigen „Reise in Abyssinien", Frankfurt am Main 1838–1840, Nachdruck Lexington, KY 2010. Die Handschriften erwähnt bzw. beschreibt er in Bd. 2, S. 106–108, 113–114, 185–188, 218–219, 336–338, 403–410. Zu Rüppell vgl. jetzt zusammenfassend Frank Berger, Fernweh und Heimatliebe. Die Schenkungen des Forschungsreisenden Eduard Rüppell (1794–1884), in: Frankfurter Sammler und Stifter (Schriften des Historischen Museums Frankfurt am Main 32), Frankfurt am Main 2012, S. 154–167.

[2] Die abessinischen Handschriften der Stadtbibliothek zu Frankfurt am Main (Rüppell'sche Sammlung) nebst Anhängen und Auszügen, verzeichnet und beschrieben von Lazarus Goldschmidt, Berlin 1897. Der Katalog von Goldschmidt umfaßt insgesamt 23 Nummern, von denen Nr. 22 und 23 jedoch Handschriften aus dem Vorbesitz von Hiob Ludolf (1624–1704), dem Begründer der Äthiopistik, sind. Unter Nr. 15 werden zwei nicht zusammengehörige Einzelblätter beschrieben, die heute jeweils eigene Signaturen haben (Ms. or. 111 und 112). Eine Handschrift aus dem Vorbesitz von Rüppell wird von Goldschmidt gar nicht beschrieben (Ms. or. 34), so daß sich insgesamt wieder die Zahl von ursprünglich 23 Stücken für die Sammlung Rüppell ergibt, von denen heute noch 20 vorhanden sind.

9

ken ausgelagert. Nach der Rückgabe der beiden Handschriften im Jahr 2011 war der Universitätsbibliothek zwar klar, daß diese im Zusammenhang mit der Auslagerung abhanden gekommen sein mußten, über die genauen Umstände tappte man zunächst aber im Dunkeln.

Erst etwas später tauchte im Zuge von Recherchen ein alter, jahrzehntelang in Vergessenheit geratener Bericht wieder auf, der darüber Aufschluß gab, daß der Verlust der Handschriften am 3. Juli 1945 im Zusammenhang mit einem Büchertransport eingetreten war, bei dem eine Bücherkiste von einem Anhänger gefallen war.[3] Bei näherer Betrachtung zeigte sich jedoch schnell, daß die Angaben dieses Berichtes nicht ausreichten, die genauen Umstände des Verlusts zu rekonstruieren und den Ort, an dem dieser eingetreten war, zu lokalisieren.

Beides wurde erst möglich, nachdem sich 2012 eine Zeitzeugin gemeldet hatte, die als Bibliotheksanwärterin bei der Auslagerung in Mitwitz dabei war und auch selbst an den Büchertransporten am 3. Juli 1945 mitgewirkt hatte. Sie konnte nicht nur aus eigenem Erleben berichten, sondern stellte auch zwei Typoskripte aus der Auslagerungszeit zur Verfügung, die der Bibliothek bis dato völlig unbekannt gewesen waren. In dem einen findet sich eine genaue Schilderung der Geschehnisse an besagtem 3. Juli.[4]

Zunächst war lediglich eine kleinere, mit Quellennachweisen versehene Veröffentlichung zum Verlust und zur Wiederauffindung der äthiopischen Handschriften aus der Sammlung

---

[3] ISG AK 880, Bl. 19, Bericht der Stadt- und Universitätsbibliothek vom 5. Januar 1951 an das Kulturamt über Bücherverluste bei der Ausweichstelle Mitwitz. Der Text ist als Anhang 3 abgedruckt.

[4] Hildegard Hüttermann, Wisst Ihr noch … im Jahre 1945 …? Typoskript mit Erinnerungen an die Zeit in Mitwitz, Weihnachten 1945 (UB JCS, Hss.-Abt., Ms. Ff. A. Will 4), S. 11–14. Der gesamte Text ist als Anhang 1 abgedruckt.

Rüppell ins Auge gefaßt.[5] Im Laufe der Recherchen erwies sich jedoch, daß es noch erheblich mehr an bisher gar nicht oder kaum ausgewertetem Quellenmaterial zur Auslagerung der Frankfurter Bibliotheken im Zweiten Weltkrieg gab, als bis dahin bekannt war. Dieser Umstand ließ es letztlich angebracht erscheinen, die gesamte Auslagerung noch einmal in den Blick zu nehmen. Die nachstehenden Ausführungen verstehen sich jedoch keinesfalls als Ersatz für die früheren Darstellungen der Auslagerung, sondern lediglich als Ergänzung.

Der ganz besondere Dank des Verfassers gebührt Frau Annemarie Will (Alzenau/Unterfranken), ohne deren Mithilfe dieses Buch in der vorliegenden Form nicht hätte geschrieben werden können. Weiterer Dank für vielfältige Mithilfe und wertvolle Hinweise gilt Isolde Kalter sowie Ina und Herbert Peter (alle Neustadt bei Coburg). Ferner sei der früheren Kollegin Annemarie Kasper herzlich gedankt für die Bereitschaft, das Kapitel über Eduard Rüppell und seine Sammlung äthiopischer Manuskripte zu verfassen.

---

[5] Eine Kurzfassung findet sich bereits in der Zeitschrift Aethiopica 15, 2012, S. 228–232.

Eduard Rüppell im Alter von etwa 30 Jahren

Eduard Rüppell und seine Sammlung äthiopischer Manuskripte

Eduard Rüppell (1794–1884) wurde als Sohn eines kurhessischen Oberpostmeisters und späteren Bankiers in Frankfurt am Main geboren. Er war Naturforscher, Privatgelehrter und großzügiger Gönner seiner Heimatstadt. Er galt als beharrlich, zielstrebig, großzügig, aber auch streitlustig und seine Mitmenschen verletzend. Über beides, seine Konflikte mit Kollegen, Mitarbeitern und Freunden sowie seine großen Verdienste, berichtet 1885 Heinrich Schmidt in der Gedächtnisrede anlässlich des Jahresfestes der Senckenbergischen Naturforschenden Gesellschaft.

Die große Wertschätzung, die ihm entgegengebracht wurde, drückt Alexander von Humboldt 1835 anläßlich seines Besuch bei Rüppell folgendermaßen aus: *„Es ist die größte Freude ... Ihnen verehrungswerther Mann, persönlich meine innige Hochachtung bezeugen zu können. ..."*

Nach einem Bankvolontariat in Frankreich sowie kaufmännischen Tätigkeiten in London, reiste er der Gesundheit wegen nach Italien, und nutzte dort die Aufenthalte in verschiedenen Städten, um seine geliebten naturwissenschaftlichen Studien fortzusetzen. Die Geschäftsbeziehungen zu Handelshäusern in Ägypten führen ihn 1817 erstmals nach Alexandria. Dies war der Beginn seiner Forschungsreisen, für die er sein beträchtliches väterliches Erbe sowie seine ganze Energie einsetzte.

Dieses Kapitel ist den von ihm in Äthiopien erworbenen Handschriften auf Amharisch und in Ge'ez (Klassisches Äthiopisch oder Alt-Äthiopisch) gewidmet, die er der Stadtbibliothek Frankfurt (heute: Universitätsbibliothek Johann Christian Senckenberg) bereits zu Lebzeiten schenkte. Im zweiten Teil seiner „Reise in Abyssinien" gibt er uns auf den Seiten 403–411 eine Auflistung *„Ueber die von mir in Abyssinien erkauften aethiopischen Codices, welche ich der Frankfurter Stadt-Bibliothek zum Geschenk gemacht habe".*

Über eine Auswahl dieser Manuskripte wird im Folgenden Auskunft gegeben. Dies geschieht vor allem anhand seiner eigenen Reiseberichte sowie des Verzeichnisses von Lazarus Goldschmidt.

Die Hauptquellen für Rüppells Erwerbungen in den Jahren 1832 bis 1834, deren Fundorte und Herkunft, sind somit:

– seine zweibändigen Erinnerungen „Reise in Abyssinien" (1838/1840),
– das kommentierte Verzeichnis von Lazarus Goldschmidt (1897),
– Robert Mertens' 1949 erschienene Biographie „Eduard Rüppell" sowie
– „History of Ethiopian towns" von Richard Pankhurst (1982).

Rüppells Augenmerk auf der ersten großen Ägypten- und Äthiopienreise (1824–1828) richtete sich besonders auf die wirbellosen Tiere und die Astronomie.

Während seiner zweiten Reise – von 1830 bis 1834 nach Saudi-Arabien und bis ins Innere von Abessinien – realisierte er auch den Erwerb und das Kopieren von historischen und theologischen Schriften.

Im Teil 1 seiner „Reise in Abyssinien" lesen wir:

„ ... Forschungen über die Landesgeschichte hatte ich mir während meines Aufenthalts in Abyssinien zu einer meiner Hauptaufgaben gemacht, und ich schmeichle mir, in dieser Beziehung interessante Notizen gesammelt zu haben, welche ich in dem zweiten Band meiner Reise mittheilen werde. Ausser vielen genauen mündlich eingezogenen Nachweisungen beruhen dieselben auf meinem Studium von sieben Landeschroniken, die ich in Abyssinien acquirirte und mit nach Europa brachte".

In unserem Zusammenhang ist besonders die Periode ab Frühjahr 1832 interessant.

Rüppell reiste ab April 1832 zeitweise mit 200 Begleitern, 49 Kamelen, 40 Maultieren und Eseln.

Wenn außer den Lasttieren keine Reittiere zur Verfügung standen, sind die Karawanenteilnehmer auch zu Fuß unterwegs.

Großes Gefälle, Regen, Kälte, politische Unruhen, Epidemien und andere Strapazen müssen ausgehalten werden, schrecken ihn aber in keiner Weise ab. Einmal hilft gegen die Kälte eine von sechs mitgenommenen Flaschen Bordeaux-Wein, die er für die europäischen Reisegenossen *„zum Besten"* gab.

Stets macht er Notizen für seine spätere Reisebeschreibung, *„grösstenteils geführt in der Form eines Tagebuchs"*.

Den Menschen erklärt er *„... dass ich die Regenzeit über in Simen zu bleiben beabsichtige, um wo möglich von allen in der Umgegend wild vorkommenden Thieren einige Exemplare einzusammeln, da sich in meinem Vaterland ein Palast befände, in welchem von allen Geschöpfen der Erde je ein Paar ausgestopft aufbewahrt würde, um so eine Art von Arche Noah's darzustellen ..."*

Die Reisekosten finanziert er aus der eigenen Kasse. Der Erbe eines vermögenden Bankiers und selbst Kaufmann trägt die Reisekasse sicherheitshalber gut verwahrt am Körper mit sich, darunter *„eintausend fünfhundert Thaler in Venezianer Ducaten"*; seine Geldreserven hatte er in seinem Haus in Massaua am Roten Meer versteckt.

Ab Massaua reist er in Begleitung und unter dem Schutz eines angesehenen äthiopischen Geschäftsmannes.

Zu seinem Gepäck gehören die im Orient üblichen Gastgeschenke für die Honoratioren wie Tabak, Baumwoll- und Seidenstoffe, die begehrten seidenen Litzkordeln, geschliffene Glaswaren und anderes mehr. Diese sind auch zum Zwecke des Tausches oder für die *„Zollgebühren"* nützlich.

Die Karawane ins „Innere von Abessinien" setzt sich am 29. April 1832 in Arkiko am Roten Meer in Bewegung. Sie geht gen Süden über schneebedeckte Gebirgspässe, vorbei an pittoresken Tälern, Amaryllis-Wiesen, begleitet von Mantelpavianen. Die Reise führt über die Städte Senafe (heute in Eritrea), Barakit, Ategerat, Agame, am Fluss Takazzé vorbei durch die Provinz Simen zur Provinzhauptstadt Entschetqab. Nach langer und anstrengender Anreise erreicht man am 12. Oktober auf 2.133 m Höhe die Kaiserstadt Gondar.

Bei der Ankunft in Gondar trägt Rüppell seinen auffallenden und Respekt einflößenden scharlachroten Umhang. Wegen des Bürgerkriegs wird er von 20 mit Luntenflinten bewaffneten Männern begleitet.

Nach Rüppells Schätzung besteht Gondar aus ca. 1.000 Häusern und hat ca. 6.500 Einwohner.

Rüppell richtet sich, umgeben von Ruinen, in einer mit Stroh gedeckten Hütte häuslich ein.

Eine für Rüppell besonders wertvolle Bekanntschaft war, wie er selbst erzählt *„Lik Atkum, ein sechzigjähriger, bildschöner, schon durch sein Aeusseres sehr anziehender Mann …"* Er sei für ihn *„der interessanteste und achtungswertheste von allen Menschen, die ich zu Gondar kennenlernte …"*

Lik Atkum (ca. 1774–ca. 1840) entstammt einer vornehmen Familie von hohen Richtern und kaiserlichen Schreibern, ist belesen, einflussreich, und bietet sogleich seine Hilfe an.

Vater und Großvater von Lik Atkum hatten bereits 1770/1771 den schottischen Reisenden James Bruce (1730–1794), kennengelernt, dessen Berichte Rüppell in seinen Notizen immer wieder korrigiert.

Der dänische Professor für Naturgeschichte Ib Friis stellt fest: *„Rüppell's collection of manuscripts would not have been so successful without the determinded help of an erudite local informant, the judge Liq Atkum in Gondar"* und *„Bruce and Rüppell's collections of Abyssinian manuscripts are among the earliest in Europe"*.

Bereits im Oktober wird ihm eine Audienz beim fast machtlosen Kaiser Aito Saglu Denghel gewährt. Dieser sitzt erst seit September auf dem Thron in Gondar. Eindrucksvoll schildert Rüppell die kärgliche Ausstattung des Palastes sowie den Ablauf des Besuches.

Mit der freundschaftlichen Unterstützung durch Lik Atkum kann Rüppell in Gondar und in den benachbarten Orten besonders der Suche von abessinischen Chroniken und Manuskripten nachgehen:

„Er [Lik Atkum] macht sich ferner auch ein besonderes Vergnügen daraus, mich die vorzüglichsten Werke der abyssinischen Litteratur, welche in den verschiedenen Kirchen von Gondar zerstreut sind, kennen zu lehren ..."

Und: Lik Atkum *„... nöthigte ... mich, einen ziemlich dicken Octavband, historischen Inhalts, als Geschenk anzunehmen"*. Es handelte sich dabei um einen Pergament-Codex mit Auszügen aus Chroniken, die er in seiner Jugend abschrieb. Rüppell gibt ihr den Titel „Kleine Chronik des Lik Atkum".

Lazarus Goldschmidt charakterisiert die „Große abessinische Chronik des Lik Atkum" so: *„... abgesehen von seinem reichen historischen Material ist es auch das zuverlässigste und bequemste Nachschlagewerk für Forscher der abess. Geschichte"*. Die Chronik wurde laut Rüppells handschriftlichem Vermerk auf dem Vorsatzblatt von Lik Atkum *„eigens für mich compiliert"*. Den bis zu seiner Abreise aus Gondar noch nicht fertig niedergeschriebenen Teil *„... schickte mir Lick Atkum durch einen meiner zu diesem Endzweck zurückgelassenen Diener nach Europa nach"*.

Rüppell erwirbt von ihm außerdem „ein sehr schönes Exemplar der abessinischen Uebersetzung der „Allgemeinen Weltgeschichte". Darin enthalten sind Chroniken, Verordnungen aus Axum und andere Bruchstücke, in Alter und Schrift sehr unterschiedlich.

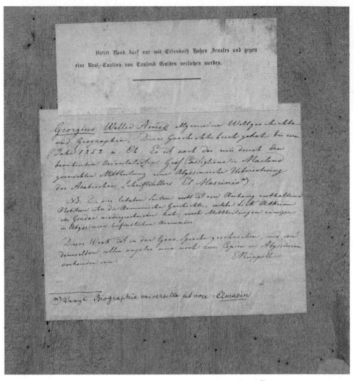

Allgemeine Welt- und Kirchengeschichte des Ägypters Elmacin (18. Jh.), Innenseite des Vorderdeckels mit Notizen von Eduard Rüppell (Ms. or. 134)

Die „Allgemeine Welt- und Kirchengeschichte" des Ǧirgis al-Makīn ibn-al'Amīd (gest. 1273, auch Elmacin oder Elamid) ist eines der beiden 2011 in die Universitätsbibliothek zurückgekehrten Werke, die über 60 Jahre verschollen waren. Der Pergamentband stammt aus der Mitte des 18. Jahrhunderts, umfasst neben Elmacins Weltgeschichte verschiedene andere Stoffe. Das Konvolut ist eine Übersetzung vom Arabischen ins Äthiopische und laut Goldschmidt eine sehr freie Bearbeitung. Auf dem Vorsatzblatt schreibt Rüppell, daß auf den letzten Seiten „ ... *Notizen zur armenischen*

Geschichte, welche Lick Atkum von Gondar niedergeschrie-
ben hat ..." enthalten sind.

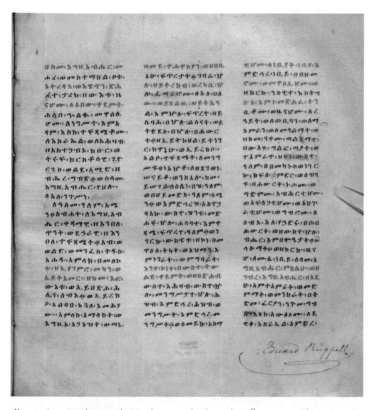

Allgemeine Welt- und Kirchengeschichte des Ägypters Elmacin (18.
Jh.), erste Textseite mit Stempel der Stadtbibliothek und Besitzvermerk
von Eduard Rüppell (Ms. or. 134)

Das zweite wiedergefundene und 2011 zurückgegebene Manuskript betrifft eine theologische Sammelhandschrift, die für den Kaiser Negus Hezkejas – er regierte von 1780–1786 – in Ge'ez und Amharisch verfasst wurde. Über den Inhalt finden wir auf der Rückseite des vorderen Buchdeckels eine handschriftliche Bemerkung von Rüppell, aber weder hier noch in seiner Reisebeschreibung macht er Angaben über die Umstände der Erwerbung.

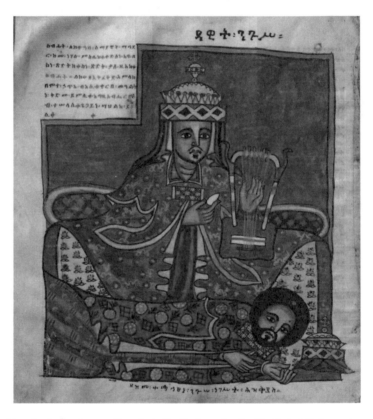

Theologische Sammelhandschrift (Psalmenbuch; 18. Jh.), Miniatur des Königs David und des äthiopischen Kaisers Negus Hezkejas (1780–1786), für den die Handschrift geschrieben wurde (Ms. or. 133, S. VIII)

20

Aus einer Abschrift der Chronik von Axum, die Lik Atkum wegen wichtiger Informationen zu kirchlichen Festen nicht entbehren kann, läßt sich Rüppell die Regenten-Liste diktieren.

Er gibt uns auch eine Beschreibung des Materials, der Schrift, Anordnung, Bindung und Illustration der äthiopischen Manuskripte. Eine Besonderheit sei hier zitiert: *„Ist der Band sehr dick, so sind die Metallkrappen geschlossen, und jedes Buch hat in der Regel auch ein Futteral von dickem, steifen Leder, durch welches dasselbe gegen Feuchtigkeit und mitunter auch, indem man es vermittelst des Futterals aufhängt, gegen die Beschädigungen der Mäuse geschützt wird"*. Gegen die unendlich vielen Wanzen gibt es aber wohl keine wirksamen Mittel.

Rüppell hatte sich übrigens vorsorglich eigenes Qualitätspapier, bereits in Leder gebunden, mitgebracht.

In den vielen Kirchen von Gondar und Umgebung wurde er allerdings auch oft enttäuscht. Die versprochenen wertvollen Kirchenbibliotheken *„reducierten sich auf einige defecte Bände"* von Heiligenschriften und Bibelausgaben. Auch die Suche in der Kirche des Hl. Kyriacus nach alten portugiesischen Reiseberichten verlief negativ. Zu einem hohen Preis kann er von den Priestern trotz der vermuteten Einzigartigkeit immerhin einen Quartband mit Teilen des Alten Testaments erstehen, der *„... als Anhang eine Uebersetzung der jüdischen Geschichte von Josephus enthielt"*. Goldschmidt macht in seinem Verzeichnis dazu kritische Anmerkungen. Dieser Codex ist übrigens einer der drei seit 1945 noch immer verschollenen Bände der Rüppell'schen Sammlung.

Rüppells Interesse gilt besonders der Genealogie der äthiopischen Kaiser. Sowohl in Hiob Ludolfs „Geschlechtstafeln" des äthiopischen Kaiserhauses wie in den Schriften von Bruce hatte er Fehler und Lücken entdeckt.

Er schreibt: *„Diess veranlasste mich, mit besonderer Sorgfalt die genealogische und chronologische Seite der abyssini-*

schen Geschichte zu erforschen ..." und die Priester der Kirche in Koskam aufzusuchen.

Anläßlich des Kirchenfestes *„zur Rückkehr Christi aus Egypten"* reitet er am 14. November in Begleitung von Lik Atkum nach Koskam. Die Stadt liegt eine gute Stunde nordwestlich von Gondar auf einem Hügelzug. Anschaulich schildert Rüppell die Landschaft, die religiösen Riten, die Kirchen und den Kaiserpalast; letztere haben schon länger – teilweise durch die Bürgerkriegsfolgen – ihren Glanz eingebüßt.

Die Priester beten und singen aus einer Sammlung geistlicher Lieder „El Gadas". Ein *„schönes Exemplar"* aus der 2. Hälfte des 18. Jahrhunderts schenkt Rüppell der Stadtbibliothek.

Einige Manuskripte, darunter Landeschroniken, eine Biographie von Alexander dem Großen sowie Bibelausgaben kann er *„trotz der Armuth"* der Geistlichen nicht erwerben bzw. abschreiben lassen. Andere sind gegen Plünderung unter der Kirche versteckt. Rüppell darf die modrigen und schimmeligen Codices nur einzeln anschauen. Darunter sind auch die Vorlagen, die er für die Chronologie der äthiopischen Fürsten benutzt. Er bedankt sich bei den Priestern mit Rosenkränzen aus Perlmuttperlen, die in Jerusalem geweiht wurden.

Auch die 200 Jahre alten Pergamentbögen der Evangelien von Matthäus und Markus, kalligraphische Meisterwerke, die er anlässlich eines weiteren Besuches beim Kaiser zu Gesicht bekommt, kann Rüppell nicht erwerben, da die Eigentumsfrage nicht geklärt werden kann. Eine Bestechung bzw. den Diebstahl des Manuskriptes lehnt er ab.

Eine Abschrift des Gesetzbuches Pheta Negust („Richtschnur der Könige") wurde ihm *„als möglichst correctes Exemplar"* von Lik Atkum besorgt.

In dessen Haus war Rüppell mehrmals Zeuge von Streitschlichtungen. Über das Gesetzbuch, das *„canonisches und civiles Recht"* enthält sowie äthiopische Rechtspflege allgemein, berichtet Rüppell in seinen Reiseberichten. Er vermerkt eigenhändig auf einem Vorsatzblatt der Handschrift:

„Vollständige, ... nicht entstellte Abschriften dieses Gesetzbuches sind in Abyssinien sehr selten und geschätzt. Mein Freund Lick Atkum war besonders bemühet mir gegenwärtige Abschrift, als eine anerkannt ganz vollständige zu beschaffen. ERüppell [Unterschrift]
Das ganze Buch ist wie gewöhnlich in der Geez Sprache gefertigt".

Das Kopieren, Illustrieren und Binden von Büchern gehört übrigens ebenso wie das Pergamentherstellen zu den besonderen Fertigkeiten der Menschen von Gondar.

Theologische Sammelhandschrift (Psalmenbuch; 18. Jh.), Rückdeckel des Einbandes (Ms. or. 133)

Rüppell bewundert besonders die Schönheit der Schrift und der Ledereinbände. Im Gegensatz dazu findet er die Malereien in den zeitgenössischen Büchern *„äusserst plump".*

Im Februar 1833 unternimmt er einen Abstecher in die Stadt Kiratza. Dort wird die berühmte „Große Chronik von Kiratza" aufbewahrt.

„Kiratza ist eine für Abyssinien ziemlich ansehnliche Stadt, und liegt am Ostufer des Zana- oder Dembea-Sees ... In einer der Kirchen von Kiratza ist eine sehr ausführliche abyssinische Chronik deponirt, nach deren Besitz mir sehr gelüstete". Nach dem Tode des Verfassers, des Provinz-Gouverneurs Djeaz Hailu im Jahr 1809, wird die Chronik von dessen Tochter Mertit Hailu in einer Kirche verwahrt, wo sie laut Rüppell *„mit gewaltiger Eifersucht die Benutzung desselben Jedermann vorenthielt".* Selbst Lik Atkum hatte sie noch nie einsehen können. Nachdem zwei zu Mertit Hailu gesandte Priester in Rüppells Auftrag verhandelten, aber ohne die Handschrift zurückkehrten, machte er sich selbst auf den Weg nach Kiratza. Trotz seines Arguments, die Chronik durch Kauf vor der *„möglichen Vernichtung durch den Bürgerkrieg"* retten zu wollen, bleibt auch er erfolglos. Lediglich eine Abschrift, letztlich durch Bestechung ermöglicht und innerhalb von 10 Tagen gefertigt, wird gestattet; später wird sie ergänzt durch einen zweiten Teil, der nach Gondar geliefert wurde.

Außerdem ersteht er in Kiratza ein um 1750 auf Pergament geschriebenes Werk „Das Buch der weisen Philosophen" oder „Mashafa falasfa Tabiban", das neben Anleitungen zur Heilkunde auch *„Tractätchen"* von Sokrates enthält. Es handelt sich dabei um eine Übersetzung vom Arabischen in Ge'ez, von Michael, Sohn des Abba Michael. Nach Rüppells Urteil *„scheint [es] nicht den geringsten wissenschaftlichen Werth zu haben ..."*

Im Mai 1833 nimmt Rüppell Abschied von Gondar und begibt sich auf die Rückreise nach Massaua : *„...eine große Zahl meiner hiesigen Bekannten [hatte] sich versammelt, um uns ein beträchtliches Stück Wegs zu begleiten. Unter ihnen war auch Lik Atkum, dem [sich] ... die Augen mit Thränen füllten".*

Wieder geht es durch wildes Gebirge, vorbei an Vulkan-Kegeln und Flüssen; Schneefall und kalte Nächte erschweren die Rückreise.

Ende Juni kommt Rüppell wieder in Massaua an. Seine dort verwahrten Wertsachen sind trotz der politischen Unruhen noch unversehrt vorhanden. Am 4. Juli erfolgt die Ausreise nach Djetta. Im Oktober reist er mit seinen Fundstücken weiter nach Kairo. Dort verweilt er noch Monate. Von Kairo aus werden 25 Kisten nach Alexandria geschickt, um sie nach Europa zu verfrachten.

Im Frühjahr 1834 gehen auf der Fahrt von Livorno nach Amsterdam ein großer Teil seiner Sammlungen, die er für das Senckenberg-Museum vorgesehen hatte, sowie Notizen, Korrespondenz, Bücher und Instrumente, im Kanal zwischen Le Havre und Boulogne zusammen mit dem Schiff unter.

Rüppell kehrt erst im Juli 1834 nach mehrmonatigen Aufenthalten in Mailand und Livorno in seine Heimatstadt zurück. Auf dem Weg über den Gotthard-Pass mussten die mitgeführten Handschriften verzollt werden. Dies belegen Stempel der Zollstation Dazio Grande im Kanton Tessin.

Biblische Bücher des Alten Testaments (18. Jh.), Ausschnitt aus der ersten Textseite mit Stempel der Stadtbibliothek und Schweizer Zollstempel (Ms. or. 10)

25

Bis zu seinem Tode wird er sich mit dem ihm eigenen Engagement der wissenschaftlichen Auswertung seiner aus Äthiopien mitgebrachten Sammlungen widmen.

Wie sehr ihm das Wohl seiner Heimatstadt am Herzen lag, zeigt uns seine Standhaftigkeit, als er ein lukratives Ankauf-Angebot des British Museum für die kostbaren abessinischen Manuskripte ausschlug.

Goldschmidt beschrieb ca. 60 Jahre nach der Veröffentlichung von Rüppell's „Reise in Abyssinien" in seinem kommentierten Verzeichnis die 23 Handschriften der Rüppell'schen Sammlung in der Stadtbibliothek Frankfurt am Main.

Das weitere Schicksal einiger Manuskripte wird in den nächsten Kapiteln verfolgt.

Alle nach dem zweiten Weltkrieg direkt oder später zurückgekehrten Handschriften wurden inzwischen digitalisiert, mit den Kommentaren von Lazarus Goldschmidt ergänzt und sind unter der Internetadresse

http://sammlungen.ub.uni-frankfurt.de/msorient/nav/index/all

gemeinfrei verfügbar. (Stand: 31.08.2016).

Annemarie Kasper

Alle Zitate sowie die von Eduard Rüppell erwähnten äthiopischen Namen und Begriffe wurden in der Original-Orthographie der Quellen übernommen.

Theologische Sammelhandschrift (Psalmenbuch; 18. Jh.), erste Textseite mit Stempel der Stadtbibliothek und Schweizer Zollstempel (Ms.
or. 133)

Literaturverzeichnis / Quellen (Auswahl)

Friis, Ib
Travelling among fellow christians (1768–1833): James Bruce, Henry Salt and Eduard Rüppel in Abyssinia. In: Early scientific expeditions and local encounters: new perspectives on Carsten Niebuhr and the Arabian journey; proceedings of an symposium on the occasion of the 250th anniversary of the Royal Danish Expedition to Arabia Felix. Copenhagen: Det Kongelige Danske Videnskabernen Selskab; 2013. (Scientia Danica; H 4, 2.).

Goldschmidt, Lazarus
Die Abessinischen Handschriften der Stadtbibliothek zu Frankfurt am Main (Rüppel'sche Sammlung). Berlin: Calvary, 1897.

Mertens, Robert
Eduard Rüppell : Leben und Werk eines Forschungsreisenden. Frankfurt am Main: Kramer, 1949.

Pankhurst, Richard
History of Ethiopian towns : from the middle ages to the early nineteenth century. Wiesbaden: Steiner, 1982. (Äthiopistische Forschungen; 8).

Rüppell, Eduard
Reise in Abyssinien. Teil 1. Facs. d. Ausg. Frankfurt am Main, 1838. Lexington: Elibron, 2010. (Elibron Classics).

Rüppell, Eduard
Reise in Abyssinien. Teil 2. Facs. d. Ausg. Frankfurt am Main, 1840. Lexington: Elibron, 2010. (Elibron Classics).

Schmidt, Heinrich
Dr. Eduard Rüppell : Gedächtnisrede gehalten beim Jahresfeste am 31. Mai 1885 der Senckenbergischen Gesellschaft ... Frankfurt am Main: Mahlau & Waldschmidt, 1886.

Wagner, Rudolf K.
Eduard Rüppell: Leben und Werk eines Forschungsreisenden. In: Papageien. 2008, 7.

Der Beginn der Auslagerungen

Die erste kleine Auslagerung der Frankfurter Stadtbibliothek fand gleich zu Kriegsbeginn statt, als sechs Kisten mit den größten Kostbarkeiten aus der Dauerausstellung erst nach Ziegenberg bei Bad Nauheim und dann nach Oberstedten im Taunus gebracht wurden.[1] In der Folgezeit gab es fast vier Jahre hindurch keine weiteren Auslagerungen. Erst verhältnismäßig spät, im Sommer 1943, wurde mit der Auslagerung der Frankfurter Bibliotheksbestände begonnen. Zwei Gründe hatten dieses lange Zuwarten bewirkt. Erstens befürchtete der Oberbürgermeister Dr. Friedrich Krebs (1894–1961), der die Sorgen um die Bibliotheksbestände angesichts der immer mehr zunehmenden Luftangriffe durchaus teilte, daß eine Auslagerung die Parole vom siegreichen Kriegsende unglaubhaft gemacht hätte. Zweitens stand auch die Johann Wolfgang Goethe-Universität einer Auslagerung eher reserviert gegenüber, da sie befürchtete, daß der Universitätsbetrieb erheblich beeinträchtigt werden würde.[2]

Der Leiter der Rothschildschen Bibliothek, die seit 1933 Bibliothek für neuere Sprachen und Musik genannt wurde, Bibliotheksdirektor Dr. Friedrich Knorr (1904–1978),[3] der die treibende Kraft bei der Auslagerung war, wurde vom Oberbürgermeister mit der Leitung des Unternehmens beauftragt.

---

[1] Kießling S. 88; Binder S. 208. Was sich genau in diesen sechs Kisten befunden hat, ist nicht bekannt. Es ist jedoch sicher davon auszugehen, daß es sich um die wertvollsten Zimelien der Stadtbibliothek wie die Gutenberg-Bibel, die Elfenbeintafeln, den Fuldaer Psalter, den Lorscher Rotulus usw. gehandelt hat. Die erhaltenen Listen der Auslagerung ab 1943 beginnen mit Kiste 7 (ISG AK 500, Bl. 271). Dort fehlen die Zimelien.

[2] Kießling S. 88; Binder S. 209; Knorr S. 162.

[3] Zu seiner Person vgl. Bibliotheksforum Bayern Bd. 6, 1978, S. 161; Alexandra Habermann / Rainer Klemmt / Frauke Siefkes, Lexikon deutscher wissenschaftlicher Bibliothekare 1925–1980 (Zeitschrift für Bibliothekswesen und Bibliographie, Sonderheft 42), Frankfurt am Main 1985, S. 163; vgl. auch Fischer S. 76 mit Anm. 31.

Dr. Friedrich Knorr

Der erste Transport ging im Juli mit weiteren wertvollen Beständen aus der Dauerausstellung sowie mittelalterlichen Handschriften nach Ziegenberg, im August folgten weitere Transporte von Musikalien, Autographen, Orientalia und wertvollen Lesesaalbeständen zu den Schlössern von Amorbach und Wächtersbach.[4] Auch die äthiopischen Handschriften aus der Sammlung Rüppell kamen auf diese Weise nach Wächtersbach.[5]

---

[4] ISG AK 500, Bl. 1, 3–4, 7–8, 14–16, 19–20, 25, 267, 269–273, 282–283, 285–286.
[5] ISG AK 500, Bl. 282.

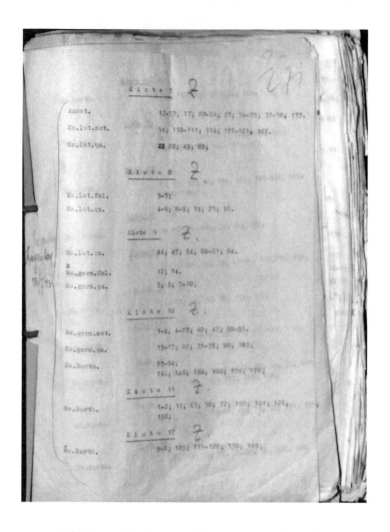

Auslagerungsliste des ersten Transports nach Ziegenberg
(ISG AK 500, Bl. 271)

Die Anlage der Depots in Oberfranken

Von Anfang an war jedoch klar, daß es nicht möglich sein würde, im (erweiterten) Rhein-Main-Gebiet genügend Unterbringungsmöglichkeiten zu finden,[1] und daß hier auch nicht genügend Sicherheit für das Auslagerungsgut gewährleistet sein würde. Es ergab sich daher die zwingende Notwendigkeit, in erheblich größerer Entfernung von Frankfurt und abseits der luftkriegsgefährdeten Ballungszentren geeignete Räumlichkeiten zu finden. Daß die Wahl dabei auf die Gegend zwischen Coburg und Kronach in Oberfranken fiel, war nicht ganz zufällig, da Friedrich Knorr gebürtig aus Neustadt bei Coburg stammte.[2] Er verfügte somit bereits über Ortskenntnisse und persönliche Verbindungen, die dem Auslagerungsvorhaben sehr zugute kommen sollten.[3]

Wasserschloß in Mitwitz

[1] Außer den genannten Transporten nach Ziegenberg, Amorbach und Wächtersbach gab es Ende Februar 1944 noch eine Besichtigung von Räumen im Schloß Laubach, vgl. ISG AK 500, Bl. 127. Für einen tatsächlich erfolgten Büchertransport nach Laubach finden sich jedoch keine Belege.
[2] Binder S. 210; Knorr S. 162–163.
[3] ISG AK 500, Bl. 13, 22, 83–84, 88, 99–100, 122–123; Bericht Rechnungsprüfungsamt S. 3; Kießling S. 99.

Als erstes konnte in Mitwitz das leerstehende Wasserschloß von seiner Besitzerin Annie Freifrau von Cramer-Klett angemietet werden.[4] Es sollte das wichtigste Depot für die Bestände der Frankfurter Bibliotheken werden, wo ab September 1943 insbesondere Handschriften, Inkunabeln und Nachlässe gelagert wurden.[5] Dennoch stand von vornherein fest, daß für die Frankfurter Bibliotheksbestände im Mitwitzer Wasserschloß allein nicht genug Platz sein würde, sondern daß weitere Räume angemietet werden mußten, um dort Bücherdepots anzulegen. Nach und nach gelang es, in Mitwitz und 14 weiteren Orten westlich bzw. nordwestlich davon insgesamt 23 Depots einzurichten, zu denen noch sieben Depots an fünf Orten für die Senckenbergische Bibliothek hinzukamen, die ihre Auslagerung in eigener Regie durchführte, sich aber auch für die gleiche Gegend in Oberfranken entschieden hatte.[6]

Die Suche nach geeigneten Örtlichkeiten und Räumen erfolgte durch mehrtägige, teilweise sogar mehrwöchige Dienstreisen von Bibliotheksmitarbeitern nach Oberfranken. Die erste unternahm Friedrich Knorr zusammen mit der Bibliotheksrätin Dr. Johanna Binder (1907–1999) von der Stadtbibliothek im August 1943.[7] Weitere Reisen dieser beiden Bibliothekare, die die wichtigsten Personen bei der Auslagerung werden sollten, nach Oberfranken folgten sukzessive in den folgenden Monaten bis zum Frühjahr 1944. Ferner wurden für die Suche nach geeigneten Räumlichkeiten von der Stadtbibliothek noch Dr. Edith Kießling (1902–1994) und Dr. Robert Diehl (1891-1958) eingesetzt.[8] Die Reisen

---

[4] Binder S. 210; Knorr S. 164–165; ISG AK 500, Bl. 87, 95.
[5] Knorr S. 165; ISG AK 500, Bl. 284–287, 294–305, 310–312.
[6] Eine Übersicht der Depots findet sich bei Knorr S. 179–180; Kießling S. 110–111; Abschlußbericht Binder S. 4 und Anlage II; Bericht Rechnungsprüfungsamt, Anlage 1, S. 1–2.
[7] ISG AK 500, Bl. 13 (Bericht über die Dienstreise nach Oberfranken vom 20. bis 28. August 1943).
[8] Die erhaltenen Berichte über die weiteren Reisen finden sich bei ISG AK 500, Bl. 39, 55, 69, 72, 83–85, 99–101, 106, 107, 109, 113, 122–124, 135–136, 138–139, 144, 147, 148.

dienten zunehmend gleichzeitig auch dazu, die in Oberfranken eintreffenden Transporte bis zum vorgesehenen Depot zu begleiten, die Einlagerung der Bücher zu überwachen bzw. dabei selbst Hand anzulegen. Sie waren alles andere als Erholungsreisen aus der luftkriegsbedrohten Großstadt aufs ruhige Land, sondern durch zahlreiche kriegsbedingte Umstände stark erschwert.

Dr. Johanna Binder

So dauerte eine Fahrt von Frankfurt nach Oberfranken immer einen ganzen Tag, wobei entweder die Route über Würzburg, Schweinfurt und Bamberg nach Coburg gewählt wurde oder über Bebra, Eisenach und Meiningen.[9] Dort an-

---

[9] Als exemplarisch kann der Bericht einer Mitarbeiterin der Stadt Frankfurt gelten, die am 2. November 1943 morgens um 5.00 Uhr in Mitwitz aufbrach, zunächst zu Fuß zum Bahnhof Hof-Steinach gehen mußte und von dort unter viermaligem Umsteigen über Bebra nach Frankfurt fuhr, wo sie planmäßig um 16.17 Uhr hätte eintreffen sollen. Die tatsächliche Ankunft in Frankfurt war wegen der kriegsbedingten Verspätungen jedoch erst um 18.00 Uhr (ISG AK 500, Bl. 60–61).

gekommen, war es sehr schwierig, eine Übernachtungsmöglichkeit zu finden, und wenn es eine solche gab, dann konnte es vorkommen, daß die Qualität auch in Anbetracht der Zeitumstände als ganz unzureichend empfunden wurde.

Ehemaliges Bahnhofshotel in Neustadt bei Coburg

Lediglich wenn es gelang, im Bahnhofshotel von Neustadt bei Coburg ein Zimmer zu bekommen, war die Situation anscheinend einigermaßen günstig, so daß nach Möglichkeit diese Unterbringungsmöglichkeit gewählt wurde.[10] Es konnte aber auch vorkommen, daß man die Nacht auf einem Bahn-

Die einfache Fahrt Frankfurt – Hof-Steinach kostete, jeweils ohne Zuschlag, 1944 übrigens über Würzburg RM 14,40, über Bebra RM 16,70 (Bericht Rechnungsprüfungsamt, Anlage 3). In einem Fall wird davon berichtet, daß die Fahrt von Mitwitz nach Frankfurt sogar 24 Stunden gedauert habe, ohne daß ein Sitzplatz zur Verfügung stand (ISG AK 500, Bl. 138). In dem genannten Bericht des Rechnungsprüfungsamts wird auf S. 1 auch eine achtstündige Verspätung bei der Rückfahrt erwähnt.

[10] ISG AK 500, Bl. 55, 122; Bericht Rechnungsprüfungsamt S. 4; Knorr S. 168; Kießling S. 95.

hof verbringen mußte, weil das vorgesehene Ziel am Abend nicht mehr erreicht wurde.[11] Die Wege zu den einzelnen Orten, in denen möglicherweise Depotraum angemietet werden konnte, mußten meist bei Wind und Wetter, teilweise bei unzureichender Verpflegung, zu Fuß zurückgelegt werden, was durchaus bis zur körperlichen Erschöpfung gehen konnte.[12] Später standen manchmal auch Fahrräder zur Verfügung.[13] Nur an wenige Orte konnte man mit der Bahn gelangen, insbesondere mit der Steinachtalbahn, die von Neustadt nach Ebersdorf bei Coburg führte. Auch Mitwitz hatte keine eigene Bahnstation, sondern konnte nur über den knapp zwei Kilometer westlich gelegenen Bahnhof Hof-Steinach erreicht werden.[14]

Nachdem es, wie schon erwähnt, gelungen war, das Wasserschloß Mitwitz als Bücherdepot anzumieten, versuchten die Frankfurter Bibliothekare zunächst, Räume in weiteren Schlössern zu bekommen, was jedoch letztlich nur im thüringischen Almerswind und in Ahorn bei Coburg von Erfolg gekrönt war. Des weiteren konnten sie nach und nach Räume in Schulen und vor allem Säle von Gastwirtschaften anmieten. Die Wirte waren meist gerne dazu bereit, weil in den Sälen kriegsbedingt keine Vergnügungsveranstaltungen mehr stattfanden.[15] Ihre Bereitschaft zur Vermietung reichte jedoch allein nicht aus. Es mußten jeweils der Bürgermeister und der Ortsgruppenleiter der NSDAP ihre Einwilligung geben, außerdem der Landrat und manchmal noch der Kreisleiter. Auch wenn die Räume häufig noch gar nicht für andere

---

[11] ISG AK 500, Bl. 148.
[12] Kießling S. 90; ISG AK 500, Bl. 39, 106, 124.
[13] ISG AK 500, Bl. 66.
[14] Binder S. 210; Kießling S. 91.
[15] Die jährlich zu zahlende Miete bewegte sich im allgemeinen zwischen 6 und 10 RM pro qm. So wurden z.B. für das Depot in Heubisch bei 110 qm 880 RM bezahlt. Manche Wirte erhielten zusätzlich jährlich 180 RM für Betreuung und Überwachung der deponierten Bestände (vgl. Bericht Rechnungsprüfungsamt, Anlage 1, S. 1–2).

Zwecke belegt waren, so wurden sie doch oftmals freigehalten für Parteizwecke oder Wehrmachtsdienststellen, für Ausgebombte und Flüchtlinge oder für die Unterbringung von Gefangenen.[16] Einmal sah sich Friedrich Knorr sogar vor die Notwendigkeit gestellt, sich selbst auf den Weg nach Bayreuth zu machen, um beim Gauleiter und Reichsverteidigungskommissar Fritz Wächtler (1891–1945) die Freigabe von Räumen zu erwirken.[17] Es verdient aber andererseits auch besonders hervorgehoben zu werden, daß der Mitwitzer Bürgermeister Schilling und der Coburger Landrat Dr. Fink die Frankfurter Auslagerungen immer mit allen ihren Kräften unterstützten.[18]

Die Transporte nach Oberfranken begannen Anfang September 1943. Zunächst wurden die zur Auslagerung vorgesehenen Bücher in Holzkisten gepackt, wobei am Anfang noch genaue Signaturenlisten für jede Kiste und für jeden Transport erstellt wurden.[19] Die Holzkisten wurden anschließend in Möbelwagen geladen, wobei wegen des Gewichts der Bücher eine Höhe von 60 cm nicht überschritten werden durfte. Dies entsprach etwa 70 Kisten pro Möbelwagen.[20] Bei letzteren handelte es sich um Anhänger, die von Zugmaschinen gezogen werden mußten. Sie wurden in Frankfurt auf Eisenbahnwaggons gesetzt und so nach Oberfranken transportiert, wo sie am jeweiligen Zielbahnhof wiederum von geeigneten Fahrzeugen, meistens Traktoren, mitunter aber auch von Pferden wieder von den Waggons heruntergezogen und zu den jeweiligen Depots gebracht werden mußten. Spä-

[16] Knorr S. 165–167; Kießling S. 90, 96; ISG AK 500, Bl. 13, 39, 69, 99–100, 109, 122–124, 135–136.
[17] ISG AK 500, Bl. 72, 75, 109, 113, 115–116.
[18] Knorr S. 167–168; Binder S. 211; ISG AK 500, Bl. 39, 55, 64, 72, 83, 99–100, 122–123, 178–180.
[19] Nur für die ersten Auslagerungsmonate sind genaue Signaturenlisten erhalten, später gibt es, wenn überhaupt, nur noch sehr summarische Zusammenfassungen (ISG AK 500, Bl. 267–365).
[20] Die Kisten waren 65 cm lang, 35 cm hoch und 55 cm breit, vgl. Kießling S. 91.

ter konnten nicht mehr genügend Holzkisten besorgt werden, so daß die Bücher nur noch unverpackt und gebündelt in den Möbelwagen transportiert werden konnten. Da es mehrere Wochen dauerte, bis die Möbelwagen leer wieder in Frankfurt eintrafen, durften sie schließlich nicht mehr für solche Transporte eingesetzt werden. Die Bibliotheksmitarbeiter mußten somit die Bücher am Frankfurter Güterbahnhof unmittelbar in Eisenbahnwaggons einladen, wobei auch hier eine maximale Ladehöhe von 60 cm vorgeschrieben war. In Oberfranken eingetroffen, mußten die Waggons dort innerhalb weniger Stunden, bei jeder Witterung und selbst nachts oder sonntags, entladen werden.[21]

Da die meisten Depots nicht an einer Bahnstation lagen, war es erforderlich, jeweils geeignete Transportfahrzeuge zu organisieren, um die Bücher an ihr endgültiges Ziel zu befördern. Die zunächst regelmäßig um Hilfe gebetene Fahrbereitschaft in Coburg, tat zwar ihr möglichstes, um Lastwagen bereitzustellen, stieß aber angesichts der stetig zunehmenden Zahl von Transporten an ihre Grenzen. Glücklicherweise ergab es sich dann, daß die Inhaberin eines Sägewerks in Hof a. d. Steinach, Frau Berta Habelitz, gegen Überlassung von Treibstoffgutscheinen, oftmals ihren Traktor samt Anhängern und ihrem Fahrer, Herrn Berr, zur Verfügung stellte.[22]

Bei der Ankunft der Transporte auf den Bahnhöfen, beim Weitertransport zu den Depots und beim Entladen war in aller Regel jemand vom Bibliothekspersonal anwesend, auch wenn dies in der Zeit, bevor im Frühjahr 1944 die Bibliotheksverwaltung nach Mitwitz verlegt wurde, nicht immer

---

[21] Knorr S. 163–170; Binder S. 210–212; Kießling S. 91–96; Knorr (1965), S. 74; ISG AK 500, Bl. 99–100, 109, 138, 176–177; Binder, Frankfurter Bibliotheken, S. 8. Mitunter mußten die leitenden Mitarbeiter auch bei der Begleichung der Frachtgebühren privat in Vorleistung treten (ISG AK 500, Bl. 149, 166, 194, 204).

[22] Knorr S. 169; Knorr (1965), S. 74; in den erhaltenen Auslagerungsberichten wird Frau Habelitz schon im Februar 1944 erwähnt (ISG AK 500, Bl. 123).

leicht sicherzustellen war, da die Bibliotheksmitarbeiter sich nur im Zuge von Dienstreisen in Oberfranken aufhielten. Es war außerdem zwingend erforderlich, vor Ort Hilfskräfte zu organisieren, um die Arbeit in der sehr knappen Zeit überhaupt zu schaffen. Dabei griff man unter anderem auf Dorfeinwohner, Kriegsgefangene, Leute vom Reichsarbeitsdienst und Schulkinder zurück, wobei auch die Lehrer jeweils erst dafür gewonnen werden mußten.[23] Der Einsatz von Schulkindern ist besonders für das thüringische Dorf Heubisch belegt, in dem ab September 1943 ein Depot – nach Mitwitz das zweite – in einem Gasthof angelegt wurde.[24]

Ehemaliger Gasthof Knauer in Heubisch

[23] Knorr S. 168, 170; Kießling S. 96; ISG AK 500, Bl. 13, 39, 41, 55, 69, 72, 82–83, 99–100, 107, 109, 122–123, 141, 148, 154.
[24] ISG AK 500, Bl. 107, 135. Die Signaturenlisten für die ersten Transporte nach Heubisch sind erhalten: ISG AK 500, Bl. 268, 274–282, 303.

Nach Eintreffen eines Waggons mit Büchern auf dem Bahnhof von Neustadt bei Coburg mußte eine Schulklasse den Waggon entladen und die Bücher mit Leiterwagen nach Heubisch bringen, wobei sie bei einsetzendem Regen mit Planen geschützt werden mußten. Im Saal des Gasthofs Ernst Knauer wurden sie zunächst auf dem Boden gestapelt, ehe später Regale aufgestellt wurden.[25]

Trotz aller Bemühungen, mit denen die Auslagerungen immer schneller und hektischer vorangetrieben wurden, wobei eine genaue Erfassung der ausgelagerten Bestände schließlich nicht mehr möglich war, konnte doch nicht verhindert werden, daß bei den Luftangriffen im Dezember 1943 sowie im Januar und März 1944, durch die die Stadtbibliothek vollständig zerstört wurde, auch fast zwei Drittel ihrer Bestände vernichtet wurden, wenn auch immerhin die wertvollsten Bestände und Sondersammlungen rechtzeitig hatten in Sicherheit gebracht werden können.[26] Wie nahe Rettung oder Vernichtung beieinander lagen und von Zufällen abhingen, belegen einmal erhaltene Listen von genau durch Signaturen erfaßten und bereits in Kisten verpackten Beständen, die dennoch vor dem Abtransport verbrannten, wahrscheinlich bei dem ersten großen Angriff am 20./21. Dezember 1943.[27] Zweitens schildert ein Bericht von Robert Diehl, daß nach dem Luftangriff vom 18. März 1944 noch erhalten gebliebene Bestände der Frankofurtensien-Sammlung aus dem Keller des Ostflügels der Stadtbibliothek gerettet und in drei Möbelwagen gepackt wurden. Zwei dieser Möbelwagen verbrannten jedoch beim nächsten Angriff am 22. März auf dem

---

[25] Telefonische Schilderung (04.07.2012) von Herrn Helmut Roschlau (Heubisch), der als Schüler mit seiner Klasse an einem der Büchertransporte beteiligt war.

[26] Binder S. 212; Knorr S. 166–167; Kießling S. 92–98; dort findet sich auf S. 111–113 auch eine Übersicht über die Kriegsverluste und die durch Auslagerung geretteten Bestände; Binder, Frankfurter Bibliotheken, S. 3–5.

[27] ISG AK 500, Bl. 313–315, 320–323.

Hof der Firma Delliehausen, die die Möbelwagen für die Auslagerung zur Verfügung stellte. Nur der dritte, der sich schon auf der Verladerampe des Frankfurter Güterbahnhofs befand, blieb unversehrt:[28]

Liste mit bereits verpackten, dann jedoch verbrannten Beständen
(ISG AK 500, Bl. 313)

[28] Robert Diehl, Die Frankofurtensien-Sammlung der Stadtbibliothek. Vorgetragen in der Oberbürgermeister-Besprechung am 11. Mai 1944, hier S. 1 (UB JCS, Hss.-Abt., Ms. Ff. R. Diehl).

42

Nach den Luftangriffen und der Zerstörung der Stadtbibliothek gingen die Transporte noch bis zum Herbst 1944 weiter,
bis die meisten noch erhalten gebliebenen Bestände nach
Oberfranken überführt waren. Insgesamt handelte es sich
um rund 450.000 Bücher aus vier städtischen Büchersamm-
lungen (Stadtbibliothek, Rothschildsche Bibliothek, Bibliothek für Kunst und Technik, Bibliothek des Elsaß-Lothrin-
gen-Instituts).[29] Bei den eintreffenden Transporten der Senckenbergischen Bibliothek, die, wie schon erwähnt, ihre
Auslagerung selbständig, aber auch in die gleiche Gegend
von Oberfranken durchführte, mußten die städtischen Bibliotheksmitarbeiter vielfach Amtshilfe leisten, da oftmals kein
Mitarbeiter der Senckenbergischen Bibliothek vor Ort anwesend war.[30]

[29] Binder S. 212.
[30] ISG AK 500, Bl. 138, 148–149, 176–177.

Ehemaliger Gasthof Feick in Mitwitz

Die Bibliotheksverwaltung in Mitwitz

Infolge der Zerstörung der Stadtbibliothek war ein geordneter Bibliotheksbetrieb in Frankfurt nicht mehr möglich, so daß der Oberbürgermeister im Februar 1944 anordnete, daß die Verwaltung der Stadtbibliothek und der Rothschildschen Bibliothek nach Mitwitz verlegt werden sollte. Die meisten Bibliotheksbeschäftigten wurden nach dort abgeordnet, nur eine kleine Restbelegschaft blieb in Frankfurt im beschädigten Gebäude der Rothschildschen Bibliothek zurück. In Mitwitz wurden im Gasthof Feick (heute Gasthof Häublein) Räume für die Frankfurter Bibliotheksverwaltung gemietet, die dort im April ihre Arbeit aufnahm. Zuvor mußte allerdings noch für sechs dort untergebrachte Kriegsgefangene ein neues Quartier gefunden werden. Im Saal und seinen Nebenzimmern wurden die notwendigen Diensträume für die Bibliotheksleitung, Erwerbung, Katalogisierung und Benutzung eingerichtet.

Die Beschaffung von genügend Wohnraum für die Bibliotheksmitarbeiter war eine schwierige Aufgabe, die nur mit Hilfe des Bürgermeisters Schilling und der freiherrlichen Schloßverwaltung, die in den beiden Mitwitzer Schlössern Zimmer zur Verfügung stellte, bewältigt werden konnte. Die meisten Bibliotheksmitarbeiter wohnten in Mitwitz bzw. im benachbarten Neundorf in Einzelzimmern, während Friedrich Knorr von seiner Heimatstadt Neustadt aus täglich nach Mitwitz pendelte. Lediglich zwei Anwärterinnen wohnten im Gasthof Feick und teilten sich dort ein Doppelzimmer. Sie hielten sich nach Dienstschluß möglichst lange in der warmen Gaststube auf, da ihr Zimmer kaum heizbar war. Im Gasthof Feick nahmen die Bibliotheksmitarbeiter auch gemeinsam das Mittag- und das Abendessen ein. Die Verpflegung wurde, gemessen an den Zeitumständen und im Vergleich zu Frankfurt, als gut empfunden.[1]

Die tägliche Arbeitszeit ging montags bis freitags von 8.00 bis 19.00 Uhr und samstags von 8.00 bis 13.00 Uhr. Unter Berücksichtigung einer halbstündigen Mittagspause ergab sich somit eine aus heutiger Sicht unglaublich hohe wöchentliche Arbeitszeit von 57,5 Stunden.[2]

Die Bibliotheksverwaltung in Mitwitz wurde unter Leitung von Friedrich Knorr bereits ganz unter dem Gesichtspunkt der künftigen Vereinigung der Frankfurter wissenschaftlichen Bibliotheken eingerichtet. Diese war schon vor dem Zweiten Weltkrieg im Hinblick auf ein noch zu errichtendes neues Gebäude geplant, jedoch noch nicht verwirklicht worden. Für die eine künftige Bibliothek sollten bereits während der Auslagerungszeit alle Arbeitsgänge vereinheitlicht werden.[3] Augenfällig wird die in Mitwitz de facto bereits vorweggenommene Vereinigung der Frankfurter Bibliotheken dadurch, daß bereits ab Juni 1944 im erhaltenen Schriftwechsel der Ausweichstelle mit dem Frankfurter Kulturamt der Name Stadt- und Universitätsbibliothek Frankfurt a.M. verwendet wird.[4] obwohl die Bibliothek erst im Oktober 1945 offiziell diese Bezeichnung erhielt.[5]

Hinsichtlich der Benutzung war von vornherein festgelegt worden, daß die ausgelagerten Bücher – zumindest was die

---

[1] Binder S. 213–214; Knorr S. 167–168, 170–171; Knorr (1965), S. 73, 74; Kießling S. 95–98; Will S. 1–2; Abschlußbericht Binder S. 3; Binder, Frankfurter Bibliotheken, S. 9; Bericht Rechnungsprüfungsamt S. 4; ISG AK 500, Bl. 138–139, 147–148, 175–176. Eine Übersicht über die gemieteten Zimmer findet sich im Bericht Rechnungsprüfungsamt, Anlage 1, S. 2. Die jährliche Miete für die Zimmer bewegte sich zwischen 216 und 360 RM.
[2] Bericht Rechnungsprüfungsamt S. 3; Binder S. 214; leicht abweichend die Angaben bei Kießling S. 98.
[3] Binder S. 214; Fischer S. 76, 93; Abschlußbericht Binder S. 7.
[4] Vgl. ISG AK 500, Bl. 194 ff.; ferner ISG AK 315, 327, 329; Bericht Rechnungsprüfungsamt; Abschlußbericht Knorr; vgl. auch Fischer S. 93.
[5] Kießling S. 108.

wissenschaftliche Gebrauchsliteratur anbelangte – nicht nur in Kisten verpackt aufbewahrt, sondern auch für die Benutzung zur Verfügung gestellt werden sollten. Daher standen rund 220.000 Bände und damit etwa die Hälfte des ausgelagerten Bestandes in neun Depots ausleihbereit auf Regalen, die meist vom Bibliothekspersonal selbst angefertigt worden waren aus Brettern, die vom bereits erwähnten Sägewerk Habelitz geliefert wurden. Neben einer Mitwitzer Ortsausleihe, die aber zahlenmäßig nur eine sehr geringe Rolle spielte, und der regulären Fernleihe an andere Bibliotheken gab es vor allem die Ausleihe per Post an Frankfurter Universitätsangehörige. Auf die letztere Weise wurden zusammen mit der Ortsausleihe in Mitwitz von 1944 bis 1946 gut 8.500 Bände ausgeliehen, während etwas mehr als 1.300 Bände in die Fernleihe gingen.[6] Der Leihverkehr mit Frankfurt hatte eine enorme Zahl von Paketen zur Folge, die zwischen Mitwitz und dem Bahnhof Hof-Steinach vom Wirt Edmund Feick mit seinem Pferdewagen hin- und hertransportiert wurden. Die kleine Mitwitzer Poststelle, die zusätzlich nahezu täglich Telefongespräche und Telegramme nach Frankfurt vermitteln mußte, war diesem Paketansturm jedoch personell und räumlich nicht gewachsen, so daß erst eine jedenfalls notdürftige Abhilfe organisiert werden mußte.[7]

In der Erwerbungsabteilung in Mitwitz wurde versucht, die großen Kriegsverluste durch Ankauf neuer und antiquarischer Bücher auszugleichen. Dazu wurde u.a. bei zwölf Verlagen, die noch über ein großes Lager verfügten, direkt gekauft und ferner umfangreiche Antiquariatskäufe in Leipzig, Jena und Nürnberg getätigt. Finanzielle Mittel standen dafür in genügendem Maße zur Verfügung, so daß aus diesem

---

[6] Kießling S. 98, 109; Knorr S. 168, 170; Knorr (1965), S. 73; Binder S. 214–215; Fischer S. 92–93; Will S. 2; Abschlußbericht Binder S. 5–7. Eine Übersicht über die Depots mit den ausleihbereiten Beständen findet sich dort in der Anlage III.

[7] Knorr S. 172; Knorr (1965), S. 74; Binder S. 215; Will S. 2.

Grund kein wichtiger Kauf unterbleiben mußte. Einschließlich des kostenlosen Zugangs war von 1944 bis 1946 ein Zuwachs von rund 36.600 Bänden zu verzeichnen.[8] Die Käufe bei den Antiquariaten Frommann in Jena und Edelmann in Nürnberg wurden meist durch persönliche Besuche vor Ort getätigt. Es mußte allerdings in der Regel sehr schnell gehandelt werden, weil viele Bibliotheken ihre Kriegsverluste durch antiquarische Käufe auszugleichen hofften. Da es jedoch keinerlei Übernachtungsmöglichkeiten gab, mußten diese Einkaufstouren von Mitwitz aus als sehr lange Eintagesfahrten unternommen werden.[9] Welche Gefahren andererseits damit verbunden sein konnten, zeigte sich daran, daß Friedrich Knorr und Johanna Binder während einer solchen Fahrt in Nürnberg in einen schweren Luftangriff gerieten.[10]

[8] Knorr S. 171; Kießling S. 98–99, 109; Binder S. 214; Abschlußbericht Binder S. 7–8.

[9] ISG AK 327, Bl. 120, 122, 124–125, 127–133; ISG AK 329, Bl. 34, 36; Kießling S. 98–99.

[10] Knorr schreibt (S. 176), daß er und seine Stellvertreterin beim Büchereinkauf in Nürnberg in einen schweren Luftangriff gerieten, bei dem mit dem gesamten Marktplatz auch das Geschäftshaus der Firma Edelmann vollständig vernichtet wurde. Dabei könnte es sich entweder um den Angriff vom 2. Januar 1945 gehandelt haben, den schwersten, der die Stadt Nürnberg und besonders ihre Altstadt traf, oder um die Angriffe vom 20./21. Februar 1945, vgl. Stadtlexikon Nürnberg, hrsg. von Michael Diefenbacher und Rudolf Endres, 2. verb. Aufl., Nürnberg 2000, S. 232, 656. Gegen den ersteren spricht allerdings, daß Knorr unter demselben Datum einen Brief von Mitwitz nach Frankfurt geschrieben hat (ISG AK 327, Bl. 214). Schon in einem Brief vom 21.07.1944 schreibt Knorr, daß er am Tag zuvor mit Fräulein Dr. Binder das Antiquariat Edelmann in Nürnberg besucht habe und daß die Reise „etwas aufregend durch die feindlichen Flugzeuge, die in ziemlichen Massen über Franken herumschwirrten" gewesen sei (ISG AK 327, Bl. 122). In einem handschriftlichen Notabene zu einem weiteren Schreiben vom 24.07.1944 spricht Knorr davon, daß die Arbeit „durch langanhaltenden Fliegeralarm in Nürnberg" gestört gewesen sei (ISG AK 327, Bl. 124). In diesem Bericht findet sich auch der Hinweis, daß beim Einkauf bei Edelmann Eile geboten sei, da die Gefahr von Angriffen für Nürnberg, dessen Innenstadt bisher noch kaum gelitten habe, sehr groß sei. Der letzte erfolgreiche Einkauf bei Edelmann ist für den 1. November 1944 belegt (ISG AK 327, Bl. 133).

Die Katalogabteilung begann in Mitwitz mit dem Anlegen eines neuen alphabetischen Katalogs für die zu schaffende Stadt- und Universitätsbibliothek. Da es galt, möglichst schnell nicht nur die antiquarischen Neuanschaffungen, sondern auch die nach Oberfranken geretteten unkatalogisierten Bestände, insbesondere den (ehemaligen) Dublettenbestand katalogmäßig zu erfassen, um einmal Doppelkäufe zu vermeiden und zweitens möglichst schnell die Zahl der ausleihbereiten Bücher zu vergrößern, entwickelte Friedrich Knorr das Konzept des sogenannten Interimskatalogs. Unter Aufsicht einer Fachkraft wurden von Nichtfachkräften vereinfachte Titelaufnahmen handschriftlich erstellt und die Bücher nach numerus currens aufgestellt. Im Winter 1944/45 konnten für diese Tätigkeit junge Frauen vom Reichsarbeitsdienst (Arbeitsmaiden) eingesetzt werden. Auch nach deren Ausscheiden wurde die Arbeit am Interimskatalog fortgesetzt und erwies sich insgesamt als recht erfolgreich. Von 1944 bis 1946 entstanden rund 52.500 Titelaufnahmen, davon gut 18.000 für den neuen alphabetischen Katalog und gut 34.000 für den Interimskatalog. Die Gesamtzahl der damit erfaßten Bände betrug knapp 70.000.[11]

Auch die Ausbildung des Nachwuchses wurde in Mitwitz nicht vernachlässigt. Im Frühjahr 1944 begannen vier Anwärterinnen dort ihre Ausbildung, die sie im Oktober 1946 abschlossen. Später kamen noch zwei weitere Anwärterinnen hinzu. Natürlich gab es infolge der Kriegs- und Nachkriegsverhältnisse Einschränkungen. So konnte das normalerweise eigentlich vorgesehene zweite Ausbildungsjahr an einer Bibliotheksschule nicht stattfinden, sondern mußte durch Unterricht vor Ort in Mitwitz ersetzt werden. Außerdem war es durch die Personalknappheit in der Ausweichstelle immer wieder erforderlich, auch die Anwärterinnen für

---

[11] Binder S. 214–215; Kießling S. 98, 109; Abschlußbericht Binder S. 8–10; Abschlußbericht Knorr S. 3–4; Will S. 2. Für den Einsatz der Arbeitsmaiden vgl. ISG AK 315, B. 1, 5–9, 11–12, 14, 17.

reguläre Arbeiten mit heranzuziehen. Dies beeinträchtigte jedoch den Erfolg der Ausbildung und die Prüfungsergebnisse nicht.[12]

Die Anwärterinnen in Mitwitz. Von links nach rechts:
Hilde Neef, Annemarie Rohrbach, Elisabeth Schaaf, Beate Leber

Insgesamt haben vom Frankfurter Bibliothekspersonal 36 Mitarbeiter in der Ausweichstelle Mitwitz gearbeitet. Im September 1944 erreichte die Belegschaft mit 26 Personen ihren Höchststand, ab März 1946 wurde mit nur noch 15 Mitarbeitern der Tiefststand erreicht.[13] Die Mitarbeiter sahen sich während der Auslagerung nicht nur vor immer neue, gänzlich ungewohnte Aufgaben gestellt, die es zu erfüllen galt. Sie litten auch darunter, daß sie meist ihren Hausstand und nahe Angehörige in Frankfurt bzw. im Rhein-Main-Gebiet

[12] Binder S. 215; Abschlußbericht Binder S. 10; Abschlußbericht Knorr S. 5; ISG AK 329, Bl. 145–147.
[13] Abschlußbericht Binder S. 3.

hatten zurücklassen müssen, die dort infolge der Luftangriffe in ständiger Gefahr schwebten. Immer wieder traf Post mit Hiobsbotschaften in Mitwitz ein, und es mußte jemand nach Hause fahren, um sich um die ausgebombten Angehörigen oder die eigene zerstörte Wohnung zu kümmern. Einzelne Personen wurden auch von großen Schicksalsschlägen getroffen: Eine Bibliothekarin, die selbst ausgebombt war, hatte ihren künftigen Ehemann als Schwerkriegsversehrten in einem Lazarett liegen, eine andere erhielt die Nachricht, daß ihre Eltern, eine weitere, daß ihre Schwester bei einem Luftangriff ums Leben gekommen war.[14]

Friedrich Knorr versuchte, durch allerlei Freizeitaktivitäten seinen Mitarbeitern das Leben in Mitwitz so angenehm wie möglich zu machen. Es gab u. a. Vorträge, gemeinsame Spaziergänge, Ausflüge und Feste. Während des nächtlichen Besuchs einer Sternwarte bei Sonneberg wurden jedoch alle wieder damit konfrontiert, daß ein furchtbarer Krieg tobte. In der Ferne sahen sie den Feuerschein einer Stadt, die gerade bombardiert wurde.[15]

Allen in Mitwitz tätigen Frankfurter Bibliotheksbeschäftigten blieb die Anwesenheit der später weltberühmt gewordenen Sängerin Anneliese Rothenberger (1926–2010) in der letzten Zeit des Krieges in Erinnerung. Diese hatte nach einem ersten Engagement am Stadttheater Koblenz in einer kriegswichtigen Fabrik arbeiten müssen, war infolge der harten Arbeit krank geworden und zur Erholung aufs Land geschickt worden, in das Dorf Hassenberg unweit von Mitwitz. Ebenfalls nach Oberfranken gekommen war ihr Koblenzer Entdecker und Lehrer Dr. Wilhelm Schmidt-Scherf (1904–1990), dem es durch Vermittlung des Coburger Landrats Dr. Fink gelang, bei der Ausweichstelle Mitwitz eine Beschäftigung zu finden. Anneliese Rothenberger kam häufig nach

---

[14] Knorr S. 174; ISG AK 329, Bl. 32, 34, 46; ISG AK 500, Bl. 38, 41, 187, 233–234, 239.
[15] Knorr S. 174–175; Kießling S. 99; Will S. 2.

Mitwitz, probte mit ihrem Lehrer und gab regelmäßig Haus-konzerte in Neustadt, zu denen auch Bibliotheksmitarbeiter eingeladen waren. Schon damals begeisterte sie die Zuhörer mit ihrer wunderbaren Stimme.[16]

Anneliese Rothenberger

[16] Knorr S. 175; Knorr (1965), S. 74; Kießling S. 99; Anneliese Rothen-berger, Melodie meines Lebens, München 1972, S. 85–95, 112–123; Will S. 2; Abschlußbericht Knorr S. 4–5.

Im Jahr 1945 kam es auch für die Ausweichstelle Mitwitz zu einschneidenden Veränderungen. Der Krieg kam jetzt unmittelbar in das bislang so ruhige Oberfranken. Immer wieder gab es nun auch hier Angriffe von Flugzeugen. Kolonnen von Flüchtlingen, Ausgebombten, Gefangenen usw. zogen durch Mitwitz und sorgten bei den Einheimischen für Unruhe.[17] Anfang März wurde Friedrich Knorr noch zum Kriegsdienst eingezogen, Robert Diehl übernahm zunächst die Leitung der Ausweichstelle.[18] Am 13. April rückten amerikanische Truppen kampflos in Mitwitz ein, nachdem es in den Tagen zuvor jedoch noch Kämpfe mit abziehenden deutschen Truppen gegeben hatte. Manche Einwohner von Mitwitz und auch die Frankfurter Bibliothekare hatten in einem Stollen des Mitwitzer Berges, der früher als Bierkeller einer Brauerei gedient hatte, Schutz gesucht. Einige Häuser hatten durch den amerikanischen Beschuß mehr oder weniger große Brandschäden davongetragen, ein Gasthof schräg gegenüber dem Gasthof Feick war ganz abgebrannt. Als die Frankfurter nach 1½ Tagen aus dem Stollen zurückkehrten, stellten sie mit großer Erleichterung fest, daß der Gasthof Feick und alle Mitwitzer Häuser, in denen sie wohnten oder Bücherdepots hatten, unbeschädigt geblieben waren. Die amerikanischen Soldaten inspizierten die Räume, die von der Ausweichstelle Mitwitz genutzt wurden, und sagten Schutz für das Personal und die gelagerten Bestände zu.[19]

[17] Binder S. 215–216; Kießling S. 100–101.
[18] Knorr S. 177; Binder S. 215; Kießling S. 101. Knorr geriet in amerikanische Kriegsgefangenschaft, aus der er Anfang September 1945 nach Neustadt zurückkam (Hüttermann S. 14–15). In den Dienst der Ausweichstelle Mitwitz bzw. in den Frankfurter Bibliotheksdienst kehrte er jedoch nicht mehr zurück, mit großer Wahrscheinlichkeit wegen seiner Mitgliedschaft in der NSDAP. Im Juni 1945 wurde nämlich von der alliierten Militärregierung die Entlassung aller NSDAP-Mitglieder aus dem öffentlichen Dienst verfügt (Binder S. 217; Abschlußbericht Binder S. 3; Will S. 5; vgl. auch Fischer S. 76 mit Anm. 31). Knorr war seit 1933 Mitglied der NSDAP (Auskunft des Bundesarchivs vom 06.05.2013).
[19] Binder S. 216; Kießling S. 101–104; Abschlußbericht Binder S. 1; Hüttermann/Neef Bl. 16–17 (siehe Anhang 2).

Die Verbindung nach Frankfurt war schon Wochen vorher abgerissen und blieb dies zunächst auch noch. Daher gab es auch keine Geldüberweisungen von dort mehr und die Ausweichstelle geriet in arge finanzielle Nöte, die Gehälter und Mieten konnten nicht mehr gezahlt werden. Durch Vermittlung des Coburger Landrats und der amerikanischen Militärverwaltung konnte aber erreicht werden, daß die Sparkasse in Neustadt einen Kredit gewährte.[20]

Um wieder einen Kontakt zum etwa 300 km entfernten Frankfurt herzustellen, fuhren am 22. Mai die beiden Anwärterinnen Annemarie Rohrbach und Beate Leber mit dem Fahrrad in 2½ Tagen dorthin. Sie brachten Post von den in Mitwitz Zurückgebliebenen zu den Angehörigen und nahmen Briefe von diesen wieder mit zurück. Außerdem meldeten sie sich bei der Stadtverwaltung und bekamen 1.000 RM mit, um dem drückenden Geldmangel bei der Ausweichstelle wenigstens etwas abzuhelfen. Am 6. Juni kehrten sie nach Mitwitz zurück. Im August wiederholten sie die Tour dann noch einmal.[21] Kurz nach ihrer Rückkehr traf ein Lastwagen des Frankfurter Rechnungsprüfungsamts ein. Johanna Binder nutzte die Gelegenheit, um mit zurück nach Frankfurt zu fahren und einen größeren Geldbetrag zu holen.[22]

Am 19. Juni erreichte die Ausweichstelle die Nachricht, daß alle Mitarbeiter, die Mitglied der NSDAP und ihrer Gliederungen gewesen waren, auf Anordnung der Militärregierung ausscheiden mußten. Dieses betraf fast alle noch vorhandenen männlichen Beschäftigten, so auch den Direktor Robert Diehl. Für den Rest ihres Bestehens wurde die Ausweichstelle Mitwitz fortan von Johanna Binder geleitet. Einen Ersatz für die ausgeschiedenen Mitarbeiter gab es nicht.[23]

---

[20] Binder S. 216–217; Abschlußbericht Binder S. 2.
[21] Binder S. 217; Kießling S. 104; Abschlußbericht Binder S. 2; Will S. 3; Hüttermann S. 14.
[22] Kießling S. 104; Will S. 3.
[23] Binder S. 217; Abschlußbericht Binder S. 3.

Die Büchertransporte Anfang Juli 1945 und der Verlust von sieben Handschriften

Ende Juni 1945 sahen sich die verbliebenen Mitarbeiter vor eine weitere große Herausforderung gestellt, als bekannt wurde, daß das Land Thüringen, das an der nächsten Stelle nur 3 km von Mitwitz entfernt war und in das im April zunächst auch die amerikanischen Truppen eingerückt waren, entsprechend den alliierten Vereinbarungen über die künftigen Besatzungszonen von den Amerikanern an die Russen übergeben werden würde. Daraufhin setzte die Ausweichstelle Mitwitz alle Hebel in Bewegung, um noch vor der Ankunft der russischen Truppen die Depots, die in deren Besatzungszone fallen würden, zu räumen und die dort befindlichen Bücher in die amerikanische Zone nach Mitwitz zu holen.[1]

Dieses betraf einmal die beiden in Thüringen liegenden Depots in Heubisch und im Schloß von Almerswind.[2] Man entschloß sich jedoch, auch die drei Depots im oberfränkischen Meilschnitz zu räumen, weil befürchtet wurde, daß dieser Ort, dessen Gemeindegebiet in einem Bogen nach Thüringen hineinragte, ebenfalls in die russische Zone miteinbezogen würde.[3]

---

[1] Binder S. 217; Kießling S. 106–107; Abschlußbericht Binder S. 5.

[2] Das Depot in Almerswind, das neben Ahorn am weitesten von Mitwitz entfernt lag, wurde offenbar als erstes geräumt, als der zweite Lastwagen, der im Juni von Frankfurt nach Mitwitz fuhr und mit dem Johanna Binder zurückkam, den Weg über Almerswind nahm und die dort gelagerten Kisten mit nach Mitwitz brachte, vgl. Kießling S. 104. Leider werden die dort gemachten Angaben sonst nirgends bestätigt. Es muß auch offenbleiben, ob mit diesem einen Transport wirklich bereits das gesamte Depot geräumt werden konnte.

[3] Die Befürchtung war nicht unbegründet, da die Festlegung der neuen Zonengrenze nicht immer ganz streng den historischen Grenzen folgte, vgl. Abschlußbericht Binder S. 2. Tatsächlich gehörte der Ort Meilschnitz nie zur sowjetischen Besatzungszone, Teile seines Gemeindegebietes waren 1945/46 aber tatsächlich für einige Zeit von russischen Soldaten besetzt, vgl. Helmut Scheuerich, Geschichte der Stadt Neu-

In Meilschnitz befanden sich seit Juni 1944 auch die äthiopischen Handschriften der Sammlung Rüppell, die, wie oben bereits erwähnt, im August 1943 von Frankfurt nach Wächtersbach ausgelagert worden waren. Im Sommer 1944 hatten die Depots in Ziegenberg und Wächtersbach jedoch wieder geräumt werden müssen. Die Räume im Schloß von Wächtersbach wurden von der Firma Degussa beansprucht. Die an beiden Orten gelagerten Kisten wurden in drei Transporten nach Oberfranken gebracht. Im Mai und Juni ging jeweils ein Transport von Wächtersbach nach Mitwitz bzw. Meilschnitz, Anfang August dann noch ein weiterer Transport, der u. a. Kisten aus Ziegenberg enthielt, nach Mitwitz.[4]

Ende Juni/Anfang Juli 1945 mußten aus den zu räumenden Depots insgesamt 60.000 Bücher innerhalb weniger Tage in Kisten nach Mitwitz transportiert werden. Alle in Mitwitz und Umgebung irgendwie aufzutreibenden Fahrzeuge wurden dafür aufgeboten, darunter auch amerikanische Armeelastwagen. In einem Wettlauf gegen die Zeit gelang es tatsächlich, gerade noch rechtzeitig alle Bestände nach Mitwitz zu überführen.[5] Das Problem waren dabei jedoch nicht nur

---

stadt bei Coburg im zwanzigsten Jahrhundert, Bd. 1, Neustadt bei Coburg 1989, S. 249–250.

[4] ISG AK 500, Bl. 182, 185, 187, 190, 206, 350, 356, 365. – Hinsichtlich der Gründe für die Räumung des Depots in Ziegenberg darf man vermuten, daß diese im Zusammenhang mit dem dortigen Führerhauptquartier Adlerhorst standen. Dieses war bereits 1939/40 erbaut worden, stand zunächst einige Zeit leer und wurde anschließend bis zum Sommer 1944 als Genesungsheim für Soldaten genutzt, danach jedoch wieder als Kommandozentrale hergerichtet, zunächst für den Oberbefehlshaber West. Von Dezember 1944 bis Januar 1945 diente es während der Ardennenoffensive dann tatsächlich als Hitlers Hauptquartier, vgl. Kurt Rupp, Das ehemalige Führerhauptquartier Adlerhorst mit den Bunkeranlagen in Langenhain-Ziegenberg, 2. erw. Aufl., Ober-Mörlen 2004. Schon die ersten sechs gleich bei Kriegsbeginn 1939 nach Ziegenberg verbrachten Kisten (s.o.) hatten bereits nach kurzer Zeit wegen des Führerhauptquartiers wieder abgeholt werden müssen, vgl. Kießling S. 88.

[5] Binder S. 217; Kießling S. 107; Abschlußbericht Binder S. 5; ISG AK 880, Bl. 19.

die Standorte der Depots, sondern auch die damalige Landstraße von Neustadt bei Coburg nach Mitwitz, auf der die
Transporte fahren mußten. Diese verlief nämlich zweimal
über thüringisches Gebiet, berührte zunächst die zu Thüringen gehörenden Dörfer Heubisch und Mupperg, danach das
oberfränkische Fürth am Berg und führte schließlich erneut
durch einen schmalen thüringischen Zipfel mit dem heute
nicht mehr existierenden kleinen Dorf Liebau.[6]

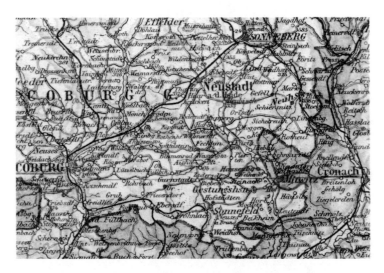

Karte der Gegend nordwestlich von Mitwitz
(Ausschnitt aus der Volks-Ausgabe von Spezialkarten des Deutschen
Reichs: Regierungsbezirke Unter- und Oberfranken. 1:300.000
Frankfurt a. M.: Ravenstein [ca. 1910])

[6] Die heutige, ausschließlich auf bayerischem Gebiet verlaufende
Staatsstraße wurde erst 1952 gebaut, vgl. Peter Biewald / Rolf Burk-
hardt / Bernd Schmitt, Die Steinachtalbahn. Geschichte der Karussel-
bahn von Ebersdorf bei Coburg nach Neustadt bei Coburg, Coburg
1991, S. 47. – Zu dem 1975 von der DDR aufgegebenen und dem
Erdboden gleichgemachten Dorf Liebau vgl. Thomas Schwämmlein,
Liebau mußte verschwinden, in: Coburger Geschichtsblätter 11, 2003,
H. 1–2, S. 55–57.

Der letzte Tag der Transporte war der 3. Juli 1945. Bereits am frühen Morgen dieses Tages, um 6.00 Uhr fuhren vier Frankfurter Bibliotheksmitarbeiterinnen auf ihren Fahrrädern nach Heubisch. Es waren die Bibliothekarinnen Hildegard Hüttermann und Barbara Winter sowie die Anwärterinnen Annemarie Rohrbach und Beate Leber, zu denen im Laufe des Tages auch noch Johanna Binder, die ja seit kurzem die Leitung der Ausweichstelle Mitwitz übernommen hatte und bei der die Organisation aller Transporte lag, hinzukam. Wahrscheinlich kam sie mit einem der Transportfahrzeuge. Am Vormittag wurde in mehreren Transporten das Heubischer Bücherdepot im Gasthof Ernst Knauer vollständig geräumt.[7]

Ehemaliger Gasthof Schaller in Meilschnitz

[7] Hüttermann S. 11–12; Will S. 3.

Mittags kam Herr Berr vom Sägewerk Habelitz, der, wie erwähnt, oft für die Ausweichstelle Mitwitz Transporte durchführte, mit seinem Traktor und zwei Anhängern. Gemeinsam
fuhren sie nach Meilschnitz, um auch von dort die letzten
Bücher aus einem der beiden als Depot dienenden Gasthöfe
zu holen.

Gasthof Gunsenheimer in Meilschnitz

Die Fahrräder blieben in Heubisch stehen. Ein erster Transport fand am Nachmittag statt. Nach zwei Stunden kehrte der
Traktor zurück und mit Unterstützung von kräftigen Männern aus dem Dorf wurden die restlichen Bücherkisten auf-
geladen. Dann startete der Transport zur letzten Rückfahrt
nach Mitwitz. Doch bereits kurz hinter Neustadt teilten amerikanische Posten mit, daß die Russen wahrscheinlich schon
in Heubisch seien.[8]

[8] Hüttermann S. 12–13; Will S. 3–4.

Der Fahrer des Traktors wollte deswegen nicht mehr auf der Landstraße weiterfahren, weil er befürchtete, daß sein Fahrzeug beschlagnahmt werden würde.[9] Die fünf Mitarbeiterinnen der Bibliothek, die auf dem ersten Anhänger auf den Bücherkisten saßen, wollten jedoch noch ihre in Heubisch stehenden Fahrräder, die damals ein kostbares Eigentum darstellten, und weitere Sachen holen. So stiegen sie vom Anhänger und gingen zu Fuß auf der Landstraße weiter. Als sie nach Heubisch kamen, warfen ihnen die Dorfbewohner merkwürdige Blicke zu. Der Grund zeigte sich alsbald. Auf der Hauptstraße stand nämlich tatsächlich bereits ein russisches Armeefahrzeug mit Offizieren und Mannschaften. Die Frauen gingen rasch daran vorbei, blieben glücklicherweise unbehelligt, eilten zum Gasthof Knauer und holten ihre Fahrräder. So schnell sie konnten, fuhren sie auf der Landstraße in Richtung Mitwitz.[10]

Als sie das Dorf hinter sich gelassen hatten und auf freier Strecke waren, atmeten sie etwas auf. Mupperg konnten sie ungehindert passieren, da dort noch keine Russen waren. Wieder zurück auf bayerischem Gebiet, erreichten sie in Fürth am Berg den Transport, der „auf Nebenwegen"[11] und durch ein „Waldgelände"[12] dorthin gefahren war und auf sie gewartet hatte. Sie luden ihre Fahrräder auf und bestiegen

---

[9] ISG AK 880, Bl. 19.

[10] Hüttermann S. 13–14; Will S. 4. – Bei den russischen Soldaten, die bereits am Abend des 3. Juli in Heubisch waren, hat es sich anscheinend um ein Vorauskommando gehandelt. Bisher war nur bekannt, daß am 3. Juli mittags eine Abordnung der Russischen Militärregierung beim 1. Bürgermeister und beim Landrat von Sonneberg erschien und daß der Haupteinmarsch der russischen Truppen in die Stadt und die Dörfer des Kreises am 4. Juli erfolgte, vgl. Gerhard Stier, Die letzten Tage und Wochen des II. Weltkrieges in der Stadt Sonneberg, Sonneberg 1997, S. 27–29 (etwas abweichend jedoch S. 37–38); dazu briefliche Mitteilung des Verfassers vom 13.12.2011. Ganz eindeutig steht das Datum des russischen Einmarsches in Sonneberg aber offenbar nicht fest.

[11] Hüttermann S. 13.

[12] ISG AK 880, Bl. 19.

wieder den Anhänger. Als sie dann auch das kleine thüringische Dorf Liebau passiert hatten, wo ebenfalls noch keine Russen waren, fiel eine große Last von ihnen. Ohne weitere Zwischenfälle gelangten sie zurück nach Mitwitz, wo man sich im Gasthof Feick wegen ihres langen Ausbleibens schon Sorgen gemacht hatte und sie nun, als sie ihr Abenteuer in Heubisch erzählten, sogar als Helden feierte.[13]

Niemand ahnte damals, daß auf diesem letzten Transport eine Bücherkiste mitsamt dem Inhalt, der aus sieben äthiopischen Handschriften und einer unbekannten Zahl von Drucken bestand, in Verlust geraten war. Es kann sicher davon ausgegangen werden, daß der Verlust zwischen Neustadt und Fürth a. B. eingetreten ist, als die fünf Bibliotheksmitarbeiterinnen nicht auf dem Anhänger saßen und der Traktor nicht auf der asphaltierten Landstraße, die von Neustadt nach Mitwitz führte, fahren konnte. Auf bayerischem Gebiet gab es damals westlich des Flusses Steinach zwischen Neustadt und Fürth a. B. lediglich einen Gemeindeverbindungsweg, der sich in einem sehr schlechten Zustand befand, bis er 1952 als Staatsstraße ausgebaut wurde.[14] Wie sich später zeigte, wurde die heruntergefallene Kiste in einem Wald gefunden.[15] Während die Landstraße von Neustadt nach Mitwitz an keiner Stelle durch einen Wald führte, verlief der damalige Gemeindeverbindungsweg von Neustadt nach Fürth a. B. dagegen zunächst durch einen Wald und dann an einem Waldrand entlang.

[13] Hüttermann S. 14; Will S. 4.
[14] Peter Biewald / Rolf Burkhardt / Bernd Schmitt, Die Steinachtalbahn. Geschichte der Karussellbahn von Ebersdorf bei Coburg nach Neustadt bei Coburg, Coburg 1991, S. 47; vgl. auch Kartenausschnitte bei Walter Friedrich, Pfarrei Mupperg im Sonneberger Unterland. Mit den Dörfern Heubisch, Oerlsdorf, Rohof, Mogger, Liebau, Kaulsroth, Fürth am Berg, Gefell. Ein Heimatbuch, Leipzig / Hildburghausen 2009, S. 90 und 92.
[15] ISG AK 880, Bl. 19.

Wahrscheinlich geriet auf dem hinteren der beiden Anhänger auf Grund des holprigen Wegs eine Kiste ins Rutschen bzw. in eine Schräglage. Zunächst dürfte der Holzdeckel der Kiste aufgesprungen[16] und dann dürften nacheinander einzelne Bücher herausgefallen sein, ehe schließlich die Kiste ganz herunterstürzte, ohne daß der Traktorfahrer es vorne bemerkte. Nur so läßt sich plausibel erklären, daß die später wiederaufgetauchten Bände in ganz verschiedene Hände gelangt sind.

Beim Abladen der Kisten in Mitwitz bemerkte niemand, daß eine Kiste fehlte, da die Kisten in Meilschnitz nicht mit einer fortlaufenden Numerierung untergebracht gewesen waren.[17] In Mitwitz wurden die Kisten nur gestapelt, ohne daß jemand wieder hineingeschaut hätte. Im Laufe des Jahres 1946 gelangten dann alle in Oberfranken gelagerten Frankfurter Bibliotheksbestände in 91 Transporten, per Bahn oder LKW, nach Frankfurt zurück.[18] Nach dem Abschluß der Auslagerung stellte man Ende November 1946 offiziell fest, daß dabei keinerlei Verluste eingetreten seien.[19] In Frankfurt wurden die Kisten mit den Handschriften zunächst noch nicht wieder ausgepackt, da geeignete abschließbare Räume fehlten.[20] Wann das Fehlen der äthiopischen Handschriften aus der Sammlung Rüppell bemerkt wurde, ist nicht überliefert, aber als es irgendwann auffiel, dürfte es allen Beteiligten völlig rätselhaft erschienen sein, da ja während der Auslagerung und den dortigen Transporten keinerlei Vorfall registriert worden war, der einen Verlust erklärt hätte.

---

[16] Schon zu Beginn der Auslagerungen war bekannt, daß die Deckel der verwendeten Holzkisten leicht aufspringen und die Bücher herausfallen konnten, vgl. ISG AK 500, Bl. 39 (Bericht von Friedrich Knorr an das Kulturamt vom 17.09.1943).
[17] ISG AK 880, Bl. 19.
[18] Binder S. 218; Abschlußbericht Binder S. 10–11; Kießling S. 110.
[19] Abschlußbericht Binder S. 5.
[20] ISG AK 880, Bl. 19.

Die Wiederauffindung von vier Handschriften

Erst fünf Jahre nach dem Verlust erfuhr die Stadt- und Universitätsbibliothek, auf welche Weise einige ihrer äthiopischen Handschriften verlorengegangen waren. Am 31. Juli 1950 kam ein Mann in die Bibliothek, übergab drei alte Bücher, die zu ihrem Bestand gehörten, eine äthiopische Handschrift und zwei Drucke, und erzählte dazu eine zunächst kaum glaublich erscheinende Geschichte. Er sei am 3. Juli 1945, dem Tag der Besetzung Thüringens durch die Russen, zwischen Neustadt bei Coburg und Mitwitz unterwegs gewesen und habe dabei in einem Wald eine aufgebrochene Kiste gefunden. Aus dieser habe er die drei Bücher mitgenommen. Zwei Tage später, als er den gleichen Weg zurückging, sei die Kiste nicht mehr da gewesen.

Der Mann, der nicht aus Oberfranken stammte, sondern von seiner Firma dorthin geschickt worden war, verpackte die Bücher mit seinen Sachen, wurde dann von der Firma mehrfach versetzt und kümmerte sich zunächst nicht weiter um die Bücher. Erst als er einmal beruflich in Frankfurt zu tun hatte, suchte er die Bibliothek auf, um die Bücher zurückzugeben. Johanna Binder bestätigte als Leiterin der Ausweichstelle Mitwitz und unmittelbar Beteiligte an den Büchertransporten des 3. Juli 1945, daß die Angaben des Mannes nach Ort und Zeit seines Fundes „mit den Tatsachen völlig" übereinstimmten. So wurde er letztlich als ehrlicher Finder und Zeuge eingestuft, zumal er auch keinerlei Forderungen stellte, sondern wirklich nur gekommen war, um die Bücher dem rechtmäßigen Eigentümer zurückzugeben.[1] Es ist davon

---

[1] ISG AK 880, Bl. 19, Bericht der Stadt- und Universitätsbibliothek vom 5. Januar 1951 an das Kulturamt über Bücherverluste bei der Ausweichstelle Mitwitz. Leider ist dieser Bericht, der eine zentrale Quelle darstellt, nicht ganz frei von Fehlern und Mängeln. Insbesondere verschweigt er, daß die fünf Bibliotheksmitarbeiterinnen hinter Neustadt vom Anhänger gestiegen waren, um noch ihre Fahrräder in Heubisch zu holen, und daß der Transport mehr als fünf Kilometer über einen

auszugehen, daß auch dieser Mann am 3. Juli 1945 die Landstraße von Neustadt nach Mitwitz mit dem bereits von russischen Soldaten besetzten Dorf Heubisch gemieden, stattdessen den durch Waldgelände führenden Weg nach Fürth am Berg benutzt hat und somit zum Zeugen für die vom Anhänger gefallene Bücherkiste wurde.

Die 1950 zurückgegebene äthiopische Handschrift enthält Biblische Bücher des Alten Testaments und stammt aus dem 18. Jahrhundert. Im Katalog von Goldschmidt ist sie unter der Nr. 4 beschrieben und wird heute in der Frankfurter Handschriftensammlung unter der Signatur Ms. or. 10 aufbewahrt.

Teil der Auslagerungsliste mit den äthiopischen Handschriften
(ISG AK 500, Bl. 282)

Feld- bzw. Waldweg allein gefahren war. Stattdessen wird die Tatsache, daß der Verlust der Kiste vom Bibliothekspersonal nicht bemerkt worden war, mit der „allgemeinen Aufregung infolge des russischen Einmarsches" und der Dunkelheit erklärt (siehe Anhang 3).

64

Leider hat man es 1950 versäumt, festzuhalten, welche zwei Druckbände zusammen mit der Handschrift zurückgegeben wurden. Die Tatsache, daß in der verlorenen Kiste auch Drucke waren, beweist jedoch, daß der Inhalt nicht mehr derselbe war wie im August 1943, als in dem ersten von zwei damals nach Wächtersbach durchgeführten Transporten auch die äthiopischen Handschriften aus Frankfurt evakuiert wurden. Alle orientalischen Handschriften befanden sich dabei in fünf Kisten, die die Nummern 224 bis 228 trugen und ausschließlich diese Handschriften enthielten.[2] Die Veränderung beim Kisteninhalt ging auf folgenden Umstand zurück: Nach dem ersten schweren Luftangriff auf die Bibliothek im Dezember 1943 gab es noch einen dritten Transport von durch Löschwasser naßgewordenen Drucken nach Wächtersbach (Werke von und über Schopenhauer, Sammlung Gustav Freytag, Sammlung Hirzel, weitere Drucke des 17. Jahrhunderts). Die Drucke befanden sich unverpackt in einem Möbelwagen, der unter großen Mühen auf dem Wächtersbacher Güterbahnhof vom Waggon gezogen, schließlich zum Schloß gebracht und mit Hilfe von Schulkindern entleert wurde. An zwei aufeinanderfolgenden Tagen waren acht Bibliotheksmitarbeiter unter Leitung von Edith Kießling vor Ort, die auch mit der Trocknung der Drucke begannen, indem sie sie entweder einzeln auf die schon in Wächtersbach befindlichen Kisten stellten oder an einer Leine aufhängten. Die Trocknung machte in der Folgezeit noch mehrfach die Anwesenheit von Bibliothekspersonal erforderlich und zog sich noch etwas länger bis in das Jahr 1944 hin, ehe die getrockneten Bände schließlich in Kisten verpackt werden konnten.[3] Auch wenn es nicht explizit gesagt wird, so kann man doch als sicher annehmen, daß für das Verpacken

[2] ISG AK 500, Bl. 282.
[3] ISG AK 500, Bl. 82 (Bericht von Edith Kießling vom 30. Dezember 1943 über Dienstreisen nach Wächtersbach am 27. und 28.12.1943); Kießling S. 94.

der getrockneten Bücher auch die schon seit August 1943 in Wächtersbach befindlichen Kisten noch einmal geöffnet wurden, um durch erneutes Verpacken aller Bestände möglichst viel in sie hineinzubekommen; denn schon im Herbst 1943 waren die Kisten knapp geworden.[4] Wie bereits erwähnt, wurden die Wächtersbacher Kisten dann im Mai und Juni 1944 nach Mitwitz bzw. Meilschnitz transportiert.[5]

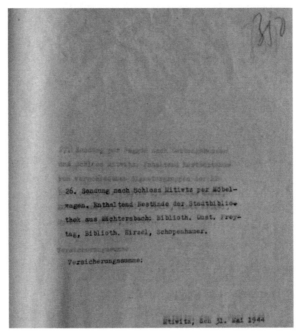

Liste der Sendung von Wächtersbach nach Mitwitz
(ISG AK 500, Bl. 350))

[4] Knorr S. 168–169; Binder S. 211; Kießling S. 95. – Durch das erneute Verpacken in Wächtersbach wird auch erklärlich, daß nach dem Ende der Auslagerung zunächst noch weitere orientalische Handschriften als vermißt galten, die nach und nach zusammen mit anderen Materialien wiederauftauchten und dem richtigen Bestand erst wieder zugeordnet werden mußten.
[5] ISG AK 500, Bl. 350, 356.

356

32. Sendung per Waggon nach Meilschnitz.

Enthaltend Kisten von Wächtersbach.

Versicherungssumme:

Mitwitz, den 19. Juni 1944

Sendung von Wächtersbach nach Meilschnitz
(ISG AK 500, Bl. 356)

Seit 1950 wußte die Stadt- und Universitätsbibliothek nun also, auf welche Weise ihre vermißten äthiopischen Handschriften aus der Sammlung Rüppell verlorengegangen waren, aber sechs Stücke daraus blieben weiterhin verschollen, und es sollten 30 Jahre vergehen, ehe eine weitere Handschrift wiederauftauchte und nach Frankfurt zurückkehren konnte.

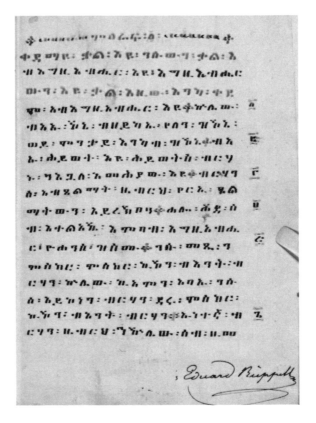

Johannesevangelium in Tigre-Sprache, erste Textseite mit abgekratztem Stempel der Stadtbibliothek und Besitzvermerk von Eduard Rüppell (Ms. or. 42)

Im Dezember 1979 kam ein Mann mit einem Buch in die Landesbibliothek Coburg, das in einer Schrift geschrieben war, die weder er noch der Direktor der Bibliothek lesen konnten. Letzterer nahm es zunächst in Verwahrung und versprach, in Erfahrung zu bringen, was es damit auf sich hatte. Eine Provenienz war nicht auf Anhieb festzumachen, da es zwar einen kleinen rechteckigen Besitzstempel gab, der jedoch abgekratzt und nur noch im Umriß erkennbar war.

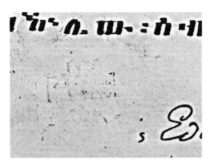

Die zunächst eingeschalteten Staatsbibliotheken in München und Berlin teilten mit, daß es sich um eine äthiopische Schrift handele, konnten aber ansonsten nichts weiter dazu sagen. Aus Berlin kam jedoch der sehr wertvolle Hinweis, daß es an der Universität Hamburg einen Professor für Äthiopistik gebe. Prof. Dr. Ernst Hammerschmidt konnte, nachdem er sich der Sache angenommen hatte, zweifelsfrei nachweisen, daß diese Handschrift zur Frankfurter Handschriftensammlung gehörte. Es erwies sich als entscheidender Vorteil, daß diese Handschrift, ein Johannesevangelium in Tigre-Sprache, nicht nur bereits im Katalog von Goldschmidt (dort als Nr. 8; heute Ms. or. 42) verzeichnet war, sondern daß daraus außerdem noch in einem weiteren wissenschaftlichen Werk des 19. Jahrhunderts zitiert worden war.

Eine von Coburg aus unternommene Rückfrage in Frankfurt lieferte die Bestätigung, daß diese Handschrift in der Tat Bestandteil der Sammlung Rüppell war und seit der Auslagerung im Zweiten Weltkrieg vermißt wurde. Als der Mann, der sie Monate zuvor in die Landesbibliothek Coburg gebracht hatte, dies erfuhr, machte er glaubhafte Angaben darüber, daß er die Handschrift kurz nach 1945 in gutem Glauben bei Tauschgeschäften erworben habe, und erklärte sich damit einverstanden, daß sie nunmehr von Coburg aus an den rechtmäßigen Eigentümer zurückgegeben wurde. So konnte sie im Juli 1980 endlich die Rückreise nach Frankfurt antreten. Interessant ist noch der Wohnort des Mannes, in dessen Besitz die Handschrift fast 35 Jahre lang gewesen war. Es handelte sich um den im Südwesten von Neustadt gelegenen Ortsteil Haarbrücken, der nur wenige Kilometer von dem Weg entfernt liegt, auf dem die Handschriften verlorengingen.[6]

Erneut dauerte es 30 Jahre, ehe zwei weitere Handschriften auftauchten. Im Jahre 2010 wurden beim Aufräumen auf einem Dachboden in Fürth am Berg, also dem Dorf, wo der Transport am Abend des 3. Juli 1945 die fünf Bibliotheksmitarbeiterinnen wieder aufgenommen hatte, zwei äthiopische Handschriften des 18. Jahrhunderts gefunden, die dort, gut verpackt in einem alten Koffer, 65 Jahre lang unberührt gelegen hatten.

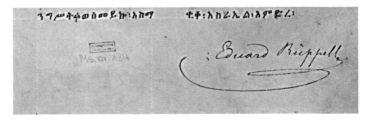

In diesem Fall waren die alten Stempel der Stadtbibliothek Frankfurt eindeutig erkennbar. Wiederum durch Vermittlung der Landesbibliothek Coburg konnten die Finder den Kontakt nach Frankfurt herstellen und die Handschriften somit

[6] Der Landesbibliothek Coburg sei herzlich gedankt für die Überlassung von Kopien der Unterlagen zu diesem Rückgabevorgang.

Anfang Januar 2011 zurückgeholt werden. 1945 muß ein damaliger Hausbewohner die aus der Kiste gefallenen Handschriften gefunden und mitgenommen haben, möglicherweise auf dem Rückweg von der Feldarbeit. Bei den Handschriften handelt es sich um eine theologische Sammelhandschrift, die insbesondere die Psalmen Davids enthält (Goldschmidt Nr. 3, jetzt Ms. or. 133), und eine aus dem Arabischen ins Äthiopische übersetzte Allgemeine Welt- und Kirchengeschichte des Ägypters Elmacin (Goldschmidt Nr. 21, jetzt Ms. or. 134).

Noch immer sind drei äthiopische Handschriften aus der Sammlung Rüppell verschollen (Goldschmidt Nr. 1, 2 und 7).

W I S S T   I H R   N O C H ...

I M   J A H R E   1 9 4 5 ... ?

Dem lieben Rohrbächlein ein herzlicher Gruß
zum Weihnachtsfest, zur Erinnerung an
unsere Mitwitzer Zeit und an ihre

Hü.

Mitwitz/Ofr., Weihnachten 1945

Widmung von Hildegard Hüttermann für
Annemarie Rohrbach

Hildegard Hüttermann (1918–2008)

Hildegard Hüttermann (Hü), 1918 in Sterkrade geboren, zwischen 1939 und 1941 zur Diplombibliothekarin ausgebildet, begann ihre Laufbahn in Frankfurt bei der ehemaligen „Bibliothek für Kunst und Technik", wurde aber schon bald nach Mitwitz in Oberfranken abgeordnet, wohin die Bestände der Frankfurter Stadtbibliothek kriegsbedingt ausgelagert wurden.

Mit ihrer Kollegin Barbara Winter (Bärbel) und den drei Anwärterinnen Beate Leber (genannt Mops), Hilde Neef (genannt Neefchen) und Annemarie Rohrbach (genannt Rohrbächlein) bildete sie dort eine „verschworene Gemeinschaft". Die hier aufgeführten Spitznamen tauchen im folgenden Text des öfteren auf.

Es gibt mehrere Gründe, den folgenden Text von Hildegard Hüttermann – der ja ursprünglich nur für den Kreis der Kollegen in Mitwitz gedacht war – in dieser Veröffentlichung abzudrucken.

Zum einen brachte dieser Text, der von Frau Annemarie Will (geborene Rohrbach) über viele Jahrzehnte aufbewahrt worden war, zum ersten Mal eine Augenzeugenschilderung der Umstände, die 1945 zum Verlust mehrerer äthiopischer Handschriften geführt hatte (vgl. dazu S. 58–61).

Zum anderen ist dieser Text – in aller Privatheit – doch auch ein Zeitzeugnis aus einer für viele von uns lang zurückliegenden Periode, aus dem deutlich wird, wie damals versucht wurde, auch unter schwierigen Bedingungen trotzdem noch Freude in der Gemeinschaft zu empfinden, Musik zu genießen und sich nicht unterkriegen zu lassen.

Und nicht zuletzt ist dieses Typoskript auch für viele Menschen, die Hildegard Hüttermann noch gekannt haben, eine Erinnerung an die frühe Zeit einer hoch geschätzten Bibliothekarin.[1]

Da in diesem Band aus dem Text von Hildegard Hüttermann seitenweise zitiert wird, wurde das Typoskript zeilen- und seitengenau transkribiert.

---

[1] Einen Nachruf findet man im Netz unter der folgenden Adresse:
http://zs.thulb.uni-jena.de/receive/jportal_jparticle_00107321
sowie in Zeitschrift für Bibliothekswesen und Bibliographie (ZfBB) 55(2008), Heft 3/4, S. 230 f.

"Wißt Ihr noch, als wir in Mitwitz waren..!"
so wird noch manchmal in späterer Zeit ein Satz
beginnen, und dann werden Erinnerungen ausge-
tauscht, und unsere Gedanken gehen zurück "aufs
Land", dorthin, wo wir schöne, fast sorglose Monate verbringen durften. Wir wissen ja nicht, was
das Leben noch mit uns vorhat; wir wissen nicht,
wohin uns das Jahr 1946 verschlagen wird, aber
das wissen wir, daß bei dem Gedanken an Mitwitz
unser Auge heller wird; und es wird uns schon noch
einmal zum Bewußtsein kommen, daß wir eine so
glückliche, so freie Zeit wohl kaum noch einmal
erleben werden.

　　Um unserm Gedächtnis ein wenig nachzu-
helfen, hab ich hier nur ganz, ganz kleine Aus-
schnitte aus diesem Jahr, das in wenigen Tagen
zu Ende geht, herausgenommen und zu skizzieren
versucht. Es wäre ja noch viel mehr zu erzählen,
was allein wir "fünf" miteinander getätigt haben.
Doch dazu fehlt Zeit und Musse, um unsere gemeinsamen Erlebnisse alle zu schildern. Ich zeichne
sie daher nur ganz kurz auf.

Erstes Textblatt des Typoskripts von Hildegard Hüttermann

„Wißt Ihr noch, als wir in Mitwitz waren …"
So wird noch manchmal in späterer Zeit ein Satz
beginnen, und dann werden Erinnerungen ausge-
tauscht und unsere Gedanken gehen zurück „aufs
Land", dorthin, wo wir schöne, fast sorglose Monate verbringen durften. Wir wissen ja nicht, was
das Leben noch mit uns vorhat; wir wissen nicht,
wohin uns das Jahr 1946 verschlagen wird, aber
das wissen wir, daß bei dem Gedanken an Mitwitz
unser Auge heller wird; und es wird uns schon noch
einmal zum Bewußtsein kommen, daß wir eine so
glückliche, so freie Zeit wohl kaum noch einmal
erleben werden.

Um unserm Gedächtnis ein wenig nachzu-
helfen, hab ich hier nur ganz, ganz kleine Aus-
schnitte aus diesem Jahr, das in wenigen Tagen
zu Ende geht, herausgenommen und zu skizzieren
versucht. Es wäre ja noch viel mehr zu erzählen,
was allein wir „fünf" miteinander getätigt haben.
Doch dazu fehlt Zeit und Musse, um unsere gemeinsamen Erlebnisse alle zu schildern. Ich zeichne
sie daher nur ganz kurz auf.

Wißt Ihr noch, wie wir im vorigen Winter abends von der Schule herunter in mehr oder weniger eleganten Kurven mit aus der Nachbarschaft geborgten Rodelschlitten – alle fünf auf zwei aneinandergebundenen – die Rodelbahn bergrunter gesaust sind bis fast ans Kino?

Wißt Ihr noch jenen mondlichthellen, aber eisigen Abend, an dem wir es nicht unterlassen konnten, noch einen Bummel zu machen; als wir einander die Nasen zubinden mußten, weil sie vor Kälte weh taten?
Und wisset Ihr noch jenen Abend –
Es war sehr kalt, doch schön und labend –
Als wir beschlossen, spazieren zu gehn,
Um uns den vollen Mond zu besehn?

Die Welt lag hell und klar und schön,
Glitzernd war der Schnee zu sehn.
Der Wald erhob sich dunkel auf.
Wir schauten ins weiße Mondlicht hinauf.

Doch es war kälter als wir dachten;
Die Hände froren – was wir auch machten –
Es half nichts, es froren auch unsere Nasen,
Und der Atem wurde schon zu Blasen!

Selbst unsere Füße froren an.
Einen Tanz im Schnee begannen wir dann.
Wir wurden wieder munter und frisch
Und fühlten uns froh und herrlich erquickt.

Drauf drängten wir schnell zum Feuer hin,
Uns aufzuwärmen Füße und Kinn.
Trotzdem – wir waren ganz einig zu sehn
Beim Gedanken: Es war doch sehr schön!

Und wißt Ihr noch jenen 30. Januar?
Hoher Schnee lag auf den Dächern der
Häuser, auf den Straßen des Dorfes, auf den Feldern und auf den Bergen ringsherum. – Befehl vom
Chef: Bärbel muß nach Neustadt, zur „Fabrik-Filiale Maidenlager". Das Bähnle soll abends 19,19 h
vom Hauptbahnhof Hof-Steinach fahren. Es ist kalt
und finster. Nur der Schnee leuchtet. Die arme
Bärbel! Aber wir sind ja zu fünft. Trainingshosen
heraus – warm angezogen – Schlitten organisiert –
und los ging es, nach dem Abendessen. Wahrscheinlich hat es rote Rüben gegeben. Ich weiß es nicht
mehr. Ist aber auch gleichgültig! Die Katalogkästen
auf den Schlitten gebaut, natürlich so, daß sie
unterwegs x-mal runterfallen konnten. Aber das
schadete nichts! Uns machte es nichts aus und den
Zetteln sah man später auch nichts mehr an! Warum
soll auch die Wissenschaft nicht mal mit der Erde
Bekanntschaft machen! Wir selber kamen teilweise
hinten auf die Schlitten, teilweise mußte man ziehen. Motorschlitten hatten wir nicht. Und Pferde
auch nicht. Doch bei uns wird immer alles geteilt,
sofern was zu teilen da ist. Also, wir kamen schließlich an den Bahnhof. Der Weg ist eigentlich nicht
so arg weit, und vergnügt waren wir auch. Dann
geht sowieso immer alles schnell!

Der Zug hat eine halbe Stunde Verspätung! Das fing damals auch bei der Kleinbahn schon
an. Aber was scherte uns die Zeit! Wir stellten
uns in ein Eckchen und sangen. Das tun wir immer!
Ich meine das Singen, nicht etwa das Ins-Eckchen-
stellen! – Das Prusten und Schnauben des sich na-
henden, abgekämpften Bähnleins machte dem lauschi-
gen Idyll ein Ende. Die Katalogkästen wurden ver-
frachtet und Bärbel auch, und auf einmal sagte
jemand: „Wir fahren mit". Und ohne weiteres Beden-
ken verfrachteten wir uns alle dazu. Fahrkarten
hatten wir nicht. Die Reichsbahn wird schon kommen und uns welche bringen! Zum Glück hatte wenigstens einer Finanzen bei sich.

Wir fuhren also mit nach Neustadt. Es
war schön, wie das Bähnlein gemütlich durch die
Schneelandschaft schnaufte und hier und da mit
seinem Glöcklein läutete. Es mußte ja auch das
Land wissen, daß es da war und Dienst tat!
In Neustadt wurde Bärbel ausgeladen, ihre Kästen
auch, und da schieden wir. „Wir wären so gern
noch geblieben" – aber der Zug fuhr zurück.

Und wißt Ihr noch unsere Steckkissen-
zeit? Das Singen aufgeben, weil's kalt war, kam
gar nicht in Frage. Da wurden halt im „Kinderzimmer", auch „Krawallschachtel" genannt, mit
Hilfe von Koltern, Kissen und Gürteln das „Steck-
kissen" auf Mopsens Bett fabriziert und – gesungen
wurde. Das elektrische Öfchen spendete auch einen

kleinen Beitrag an Wärme und der Chef wunderte
sich über die hohe Stromrechnung.

Dann kamen, je mehr sich die Zeit dem
Frühjahr näherte, die Flieger zahlreicher und
öfter; wißt Ihr das noch? Als am hellichten
Aschermittwoch, es war der 14. Februar, Bomben
auf Mitwitz fielen und u. a. Greiters Haus zer-
störten? Da bekamen auch die Mitwitzer Respekt
vor Bomben, die sie bisher nur aus der Zeitung
kannten. Wißt Ihr noch, wie dann die Überflüge
immer furchtbarer wurden, wie wir abends ins
Schloß liefen, wenn's gar so toll wurde, um da
zu sein, falls etwas geschehen würde? Gott sei
Dank ist nie etwas passiert.

Erinnert Ihr Euch noch unserer „Fabrik"?
Wißt Ihr noch, wie Ihr oft abends Zettel geordnet
habt, weil die Statistik eine immer größer werden-
de Menge Bücher fraß? Doch darüber schweigen wir
lieber! Dabei fällt mir aber unser „Krach" ein,
den zu schildern sich lohnt:

7. März. Krach mit den Kindern, steht
heute in meinem Kalender. Eigentlich sollte man
darüber ja nicht schreiben. Aber es ist lange her,
und wir selbst sprechen nur noch mit Heiterkeit
von diesen Stunden, denn trotz aller Tragik war
viel Komisches daran. Aber erinnern wir uns.
Irgendein liebloses Wort war gefallen.
Was es war, ist wurscht, und wer es gesagt hatte,

tut auch nichts zur Sache. Jedenfalls spaltete
sich unser Block in zwei Teile. Hie Mops, Rohrbächlein und Neefchen – dort Bärbel und ich.
Das war noch nie dagewesen.
     Bärbel und ich waren in der Fabrik;
die Kinder ordneten Bücher in der Schule. Es war
dicke Luft. Ich mußte in amtlicher Eigenschaft
rüber. Fand Bücher verkehrt stehen; erteilte
Rohrbächlein Instruktionen und sogar eine dienst-
liche Rüge. Ganz amtlich! Bei meinem zweiten Gang
empfing mich Galgenhumor. Mops lag auf dem Boden
des 1. Stockes und stellte die Bücher, die Rohrbächlein anreichte, von oben auf die obersten
Bretter. Mit Mühe hielt ich mich ernst. Das Bild
war zu komisch. In dieser Stunde schmolz schon
etwas von dem Eis. Später verlangte Mops aus der
Fabrik eine Lampe. Ich stellte ihn zur Rede. Er
war überrascht und tief zerknirscht. Beratungen
in beiden Lagern war die Folge. Das Eis schmolz
zusehends. Bereits mittags wurde provisorischer
Friede geschlossen. Nach dem Abendessen fand ein
denkwürdiger Spaziergang Mops–Hü statt, im Regen,
der uns nicht störte. Endgültige Friedensverhand-
lungen mit vollem Erfolg auf beiden Seiten.
Anschließend hatte ich mit Rohrbächlein eine zunächst härter scheinende Nuß zu knacken, aber auch
sie konnte dem ungestümen Druck nicht widerstehen
und ergab sich. Lange Unterredung und endgültige
Versöhnung bei Bärbel im Schloß war das Resultat.
Um Mitternacht war wirklich Frieden in unserm Lager. Unser Block war wieder fest wie vorher,

unsere Laune am folgenden Tag ein Ärgernis für
alle Griesgrämigen! – Der erste und bis jetzt
einzige ernstliche „Krach".

Dann kam das Zeitalter der Tiefflieger.
Da wurde es uns doch manchmal mulmig, gelt? –
Die Front rückte näher, man hörte in der Ferne
schon das Donnern der Kanonen, und schließlich
kam jene Woche, als auch über Mitwitz die Front
hinwegrollte und wir dann in amerikanischen
Händen waren.

Jene aufregende Woche begann mit dem
Tieffliegerangriff am Sonntag, dem 7. April,
als einige Häuser und Scheunen in Flammen auf-
gingen. Da haben wir noch tüchtig geholfen, haben
Wasser beigeschleppt, gelöscht, Möbel aus gefähr-
deten Häusern geholt und später wieder hineinge-
tragen. Noch tagelang spürte man den Brandgeruch,
den wir aus Frankfurt nur zu gut kannten.

Und dann kamen die Tage, da wir dauernd
auf Sprung waren, zu fliehen, bis wir übereinkamen,
den Bergstollen als Zufluchtsstätte zu wählen.
Wißt Ihr noch, als ich mit meinen Siebensachen
ins Kinderzimmer kam, nachts gegen 12 Uhr, und
als wir dann zu viert dort „geschlafen" haben,
nachdem wir vorher noch mal gut gelebt hatten?

Dann kam am Donnerstag der Artillerie-
beschuß, durch den Rempels Haus abbrannte. –
Ich sehe mich noch vor dem Bunker stehen, aufs
Rohrbächlein warten, das gemütlich die Straße her-
unterkam, aber doch Beine machte, als die ersten

Schüsse ins Dorf krachten. – Jedoch all die Ein-
zelheiten dieser aufregenden Tage zu schildern,
würde viel zu weit führen. – Schließlich wurde am
Freitag, dem 13. April, die weiße Fahne gehißt,
und die Amerikaner fuhren morgens gegen 10 Uhr
in Mitwitz ein.

Darüber war es inzwischen Frühling geworden, ja, ehe wir uns versahen, kam der Sommer.
Wißt Ihr noch unsere friedlichen Stunden oben auf
dem Mitwitzer Berg? Wie wir dort im Grünen lagen
und sangen? Wißt Ihr noch, wie wir unseres Doktors
Geburtstag dort oben gefeiert haben? Mit Kaffee
und Kuchen! Ein richtiges Picknick! Und mit Ur-
aufführungen neu eingeübter Lieder! Überhaupt,
gesungen haben wir trotz des Ernstes der Zeit bald
wieder.

Unvergeßlich werden uns die Abendstunden
sein, die wir in unserm Schloßhof auf unserer
steinernen Bank singend zugebracht haben. Das
Rauschen des plätschernden Brunnens mit dem alten
Neptun vor uns wird uns immer in den Ohren klingen,
wenn wir im Geiste uns in den alten Schloßhof ver-
setzen. Wir hören dann die Vögel aus den weinbehan-
genen Mauern zwitschern, wir sehen die Fledermäuse
über uns hinweghuschen, und wir schauen unsern
leuchtenden Stern, der über dem First des Schloß-
daches langsam weiterwandert.

Im Schloßhof

Der Brunnen plätschert leise
Sein rauschendes Lied.
Er singt auf seine Weise
Unaufhörlich mit.

Die Vöglein in den Blättern
Stimmen fröhlich mit ein;
Ich seh' sie hüpfen und klettern
In dem rankenden Wein.

Und zwischen den alten Türmen
huscht ruh'los die Fledermaus;
Der Lichtstrahl aus der Höhe
Lockt sie aus dem finstern Haus.

Der alte Ritter hinten
Lauscht horchend in die Zeit.
Was könnte er wohl künden
Von ferner Vergangenheit!

Die grauen Mauern schauen
So ernsthaft dunkel drein,
Haben lange Zeiten überdauert
Umkost von wildem Wein.

Wir aber, wir Jungen singen
An ihren Quadern herauf,
Und Melodien dringen
Zum uralten Turm hinauf.

Und unsere Augen schweifen
Zum glänzenden Abendstern,
Und unsre Gedanken streifen
Jahrhunderte in die Fern'.

Wißt Ihr noch unsere Radtouren nach
Vierzehnheiligen? Der herrlichen Fahrten, frühmorgens, wenn die goldene Sonne glühend aufging,
durch das grüne, blühende Land, an Bildstöcken
und Wegkreuzen vorbei, über den hier so beschei-
denen Main, der daheim in Frankfurt ein so selbst-
bewußter, breiter Strom ist, durch wohlgenährte,
saubere Bauerndörfer hindurch, werden wir sehr
gern gedenken. Wenn dann die schmalen Türme von
Banz in der dunstigen Ferne auftauchten und wir
schließlich, wenn wir Lichtenfels mit seinem holprigen Pflaster durchfahren hatten, Vierzehnheiligen vor uns liegen sahen, überkam uns ein eigenes
Gefühl. Diese wunderschöne Basilika Balthasar
Neumanns zog uns stets von neuem an. Der feine,
empfindsame, helle Barock machte einen tiefen Ein-
druck auf uns, sooft wir den weiten Raum betraten.
Und wißt Ihr noch, als wir bei herrlich strahlendem blauen Himmel zu Füßen des alten Staffelberges
saßen und sangen und ins „weite Land der Franken"
schauten?

Wißt Ihr noch unsere Autofahrten nach
Almerswind, wo uns die freundliche Baronin so

gastlich bewirtet hat? Wie haben wir Almerswind
geliebt, das abseits vom Dorf versteckt liegende
Schloß am Fuße des Thüringer Waldes, den Garten,
aus dem uns die Baronin gern prächtige Sträuße
mitgab. Da war auch der sich durch die blumenrei-
che Wiese schlängelnde Bach, aus dem der Chef mit
größtem Eifer, leider oft mit weniger großem Erfolg
Forellen zu angeln versuchte. Wißt Ihr noch vom
vorigen Jahr, welch große Freude wir der liebens-
würdigen alten Freifrau gemacht haben, als wir
sie mit einem frohen Ständchen überraschten? –

Auch das „Kruschen", das Aufstellen und
zuletzt auch das Abbauen der Bücher in den verschiedenen Sälen werden wir nicht vergessen. Es
war nicht immer ganz einfach, bei Kälte und Hitze
die Büchermassen zu bewegen, aber wir waren so
leicht nicht zu erschüttern.
Wißt Ihr noch, wie wir Heubisch und
Meilschnitz geräumt haben? Es lohnt sich, davon
ausführlicher zu erzählen.

3. Juli. Wir sind früh aufstehen gewöhnt! Gestern abend erhielten wir Befehl, heute
früh, 6 Uhr, nach Heubisch zu fahren, den Saal
zu räumen. Russen sollten in den nächsten Tagen
den Ort besetzen. Wir waren diesmal nur zu viert,
weil Neefchen krank gewesen war und daheim bleiben
mußte. Wir andern trafen uns also um 6 Uhr am
Schloß und fuhren ab. Mit Rädern natürlich.

Es regnete Bindfäden. Aber was tut uns schon Regen!
Es hat ja auch wieder aufgehört.
Das erste Auto, das wir laden sollten,
kam gegen 8 Uhr. Es war in einer Stunde voll!
Alles ging durch's Fenster. Gesungen haben wir
selbstverständlich auch dabei. – Das zweite Auto
kam gegen 10 h und wurde auch vollgeladen. Bärbel
und Rohrbächlein mußten nach Mitwitz zurück, um
ausladen zu helfen. Sie fuhren mittags mit dem
nächsten Wagen wieder her. Geschafft haben wir
tüchtig. Die Regale waren nicht sehr leicht und
der Weg durchs Fenster nicht einfach. Aber Räume-
reien sind nun einmal unsere Spezialität und klap-
pen bei uns immer. Wie sollte es auch anders sein!
Frau Knauer hatte uns eine gute Suppe gekocht.
Dann kam Herr Bär mit seinem Bulldogg und fuhr uns
nach Meilschnitz. Dort mußten Kisten und ein Rest
gestapelter Bücher geholt werden. Es war eine
feuchte Fahrt. Ununterbrochen regnete es. Die
Amerikaner ließen uns nicht die Hauptstraße fahren.
So wurden wir denn auf den mit großen Pfützen
übersäten, weichen Lehmstraßen tüchtig durcheinan-
der gerüttelt. Doch wir sind Kummer gewöhnt.
In Meilschnitz wimmelte es von Kindern,
die helfen wollten, aber entsetzlichen Radau machten. Wir haben sie fortgeschickt, als wir sie nicht
mehr brauchten. Das Auto fuhr mit seiner Last fort,
und wir sollten bis zur nächsten Fuhre aus einem
Kruschhaufen brauchbare Bücher heraussuchen. Mops
organisierte erst mal Kaffee und Brot. Es war sehr
gut. Er besitzt nun einmal hervorragendes Organisa-
tionstalent!

Endlich, nach etwa 2 Stunden kam der
Bulldogg ratternd zurück. Schnell luden kräftige
Männer die restlichen Kisten auf. Die freundliche
Wirtin setzte uns noch ein großartiges Abendessen
vor – guten Quark mit Kartoffeln und Brot gab's –
darauf suchten wir uns ein Plätzchen hoch auf den
Kisten (wir brauchen zum Glück nie viel Platz!)
und ab ging's singend der Heimat zu.
        Ja, habt Ihr gedacht! So schnell ging's
doch wieder nicht. Kurz hinter Neustadt bedeuteten
uns die Amerikaner, daß wahrscheinlich die Russen
schon in Heubisch seien. Der Fahrer fuhr auf Nebenwegen.
Aber wir hatten unsere kostbaren Räder und andere
Utensilien in Heubisch! Que faire? Es blieb uns
nichts anderes übrig, als zu Fuß nach Heubisch zu
laufen. Unser guter Doktor und wir vier machten uns
also mit etwas gemischten Gefühlen auf die in solchen Fällen immer endlos lange Landstraße. Wider-
sprechende Zurufe tönten an unsere sehr gespitzten
Ohren. Sind sie nun schon da – die Russen – oder
vielleicht doch noch nicht? Etwas Herzklopfen ließ
sich nicht vermeiden. Unser ewig vorwitziger Mops
erklärte noch, gern einmal russisches Militär sehen
zu mögen. Sein naseweiser Wunsch sollte nur zu
bald erfüllt werden.
        In Heubisch warfen uns die Leute merk-
würdige Blicke zu; die Dörfler standen auffallend
herum oder lagen spazieren. Und richtig! Unser
Herzklopfen verstärkte sich: Auf der Hauptstraße
stand ein Auto mit russischen Offizieren und Mannschaften. Uffff! Tief atemholend dran vorbei!

Hinter der Kurve Dauerlauf, unsere Räder und Sachen
geschnappt, zu fünft auf vier Rädern, von denen
eins noch fast Panne hatte – und raus aus Heubisch.
Auf der freien Landstraße atmeten wir etwas auf.
Aber noch lag Mupperg vor uns. Gott sei Dank, keine
Russen! Endlich in Fürth am Berg erreichten wir
unsern Wagen. Schnell die Räder verstaut und ab
fuhren wir. Erst als wir auch Libau hinter uns
hatten, fiel eine Zentnerlast von uns. – Gerettet!
So war uns zumute! Nun erst wagten wir zu singen.
Da aber aus voller Kehle.

In Mitwitz erzählten wir unser Abenteuer
natürlich und wurden als Helden gefeiert! Herr
Feick spendete uns sogar einen Teller Erbsensuppe
extra! Wir ließen uns auch gern feiern. Warum auch
nicht?! So mitten durch die Russen kommt man nicht
alle Tage. – Wir haben wieder einmal – wie schon
oft – Glück gehabt.

Wißt Ihr noch die aufregenden Tage nach
Pfingsten, als die Kinder, Mops und Rohrbächlein,
mit den Rädern nach Frankfurt fuhren, um endlich
Verbindung mit der Außenwelt aufzunehmen? Diese
vierzehn Tage, vom 23. Mai bis 6. Juni, waren für
uns Zurückbleibenden von größter Spannung, die
sich erst löste, als die beiden frisch und wohl-
behalten zu uns zurückkehrten.

Und wißt Ihr noch, wie es war, als der
Chef aus amerikanischer Gefangenschaft in Marseille
nach Neustadt zurückgekommen war? Als wir da, am

Sonnabend, dem 8. September, uns alle fünf auf
Rädern aufmachten, ihn zu besuchen? Natürlich
hatten wir, weil wir es so eilig hatten, dreimal
Panne! Gut daß Bärbel ein halber Mechaniker ist!
Wir mußten noch über den Pleestener Spitzberg und
Wellmersdorf den weiten Umweg um die russische
Grenze machen. Aber der Chef hat sich so ge-
freut über unsern Besuch und unsern Gesang.

Wißt Ihr noch unsere Geburtstage, die
frühmorgens mit vorher oft unter schwierigen Um-
ständen geübten Liedern – denn das Geburtstags-
kind durfte doch nichts merken – eingeleitet wurden
und nach Dienstschluß oder abends im Kinderzimmer
oder im Schloß gefeiert wurden?

Und nun geht langsam – nach unserer
Meinung viel zu schnell – dieses Jahr 1945 seinem
Ende zu. Die Adventszeit führt uns oft zusammen
zum gemeinsamen Üben von Weihnachtsliedern. Im
Jahr zuvor haben wir sie geübt, als wir den Saal
in Mönchröden ordnen mußten. Da war es oft bitter-
kalt, und wir erwärmten uns statt am Ofen, beim
eifrigen Singen neuer Weihnachtslieder.
Wißt Ihr das noch?

Wir müssen nun damit rechnen, daß dieses
Jahr wohl das letzte ist, das wir in dieser so
glücklichen Gemeinschaft verbringen durften. Gewiß,
auch in dieser Zeit haben wir manches Schwere er-
tragen müssen. Die Sorge um die Lieben daheim, die
Ungewißheit um sie in der furchtbaren Endphase des
Krieges und alle persönlichen Bürden jedes Einzelnen mußten auch wir tragen. Aber die feste Gemeinschaft unseres Kreises half doch vieles erleichtern,
und wir bemühten uns, stets froh zu sein und einander zu helfen, wo immer es anging. Darum war diese
Zeit eine so gute für uns, trotz des unheimlichen
Geschehens draußen. Deshalb sind wir auch dankbar
für dieses Geschenk der Ruhe, das wir annehmen mit
dem Gedanken, daraus neue Kraft zu holen für das
kommende Jahr, für die fernere Zukunft, die dunkel
und ungewiß vor uns liegt.

Mögen wir aus unserer Mitwitzer Zeit
unser frohes Herz mitnehmen, wenn wir wieder hinaus-
müssen in die „große Welt", und mögen wir stets
aufgeschlossen sein für alles, was gut und recht
ist.

Anhang 2

Typoskript (Weihnachten 1946) mit Erinnerungen und
Anekdoten aus der Zeit der Auslagerung in Mitwitz
mit Texten von Hildegard Hüttermann und Hilde Neef.
Abgedruckt ist hier der Bericht von Hilde Neef über den
Einmarsch der amerikanischen Truppen (Bl. 16–17).

. Das Frühjahr 1945 war für uns und
die Mitwitzer wohl die schwerste
Zeit des Krieges. Wir wollen uns
nur kurz erinnern, wie die Welle
des Krieges über uns hinwegroll=
te. - Es war in der Woche zwischen
dem 8. und 13. April.

ssssssss---------- Flieger in
der Ferne. Ein Schauer läuft uns über den Rücken.
Näher brausen sie heran. Tollkühn ziehen sie ihre
Schleifen, tief über dem Land, hoch in dem blauen
Himmel. Aber Tod und Zerstörung rattert aus den Ma=
schinengewehren. Grausam ist der Krieg.
        Auch über Mitwitz rast er dahin,
der schaurige Krieg. Scheu ducken sich die Köpfe,
wenn Tiefflieger sich nähern und ihr unheimliches
Brummen die Menschen erschrecken lässt. Nur zu gut
ist der 8. April in Erinnerung, jener Sonntag, der
mit strahlenden Sonnenschein begann und in beissen=
den Dunst schwelenden Feuers endete. Tiefflieger hat=
ten einige Scheuern und Wohnhäuser durch Bomben zer=
stört. Drückender Ernst und die Last des Krieges
lag nun auch über dem bisher unberührten Dorf. Der
8. April war der Auftakt zu dem kurzen Drama, das
im Laufe der Woche gespielt werden sollte.
        Näher und näher kamen die ameri=
kanischen Panzer. Stadt um Stadt, Ort um Ort ergab
sich mehr oder weniger freiwillig der Übermacht. Nun
kamen die Amerikaner also auch zu uns. In Coburg und
Neustadt wurde gekämpft. Mit unbestimmten Gefühlen
erwartete Mitwitz das Nahen der Panzer. Wie mögen

Blatt 16 des Typoskripts (Vorderseite)

Das Frühjahr 1945 war für uns und
die Mitwitzer wohl die schwerste
Zeit des Krieges. Wir wollen uns
nur kurz erinnern, wie die Welle
des Krieges über uns hinwegrollte. – Es war in der Woche zwischen
dem 8. und 13. April.

sssssssss------------ Flieger in
der Ferne. Ein Schauer läuft uns über den Rücken.
Näher brausen sie heran. Tollkühn ziehen sie ihre
Schleifen, tief über dem Land, hoch in dem blauen
Himmel. Aber Tod und Zerstörung rattert aus den Ma-
schinengewehren. Grausam ist der Krieg.
Auch über Mitwitz rast er dahin,
der schaurige Krieg. Scheu ducken sich die Köpfe,
wenn Tiefflieger sich nähern und ihr unheimliches
Brummen die Menschen erschrecken lässt. Nur zu gut
ist der 8. April in Erinnerung, jener Sonntag, der
mit strahlendem Sonnenschein begann und im beissen-
den Dunst schwelenden Feuers endete. Tiefflieger hatten einige Scheuern und Wohnhäuser durch Bomben zerstört. Drückender Ernst und die Last des Krieges
lag nun auch über dem bisher unberührten Dorf. Der
8. April war der Auftakt zu dem kurzen Drama, das
im Laufe der Woche gespielt werden sollte.
Näher und näher kamen die amerikanischen Panzer. Stadt um Stadt, Ort um Ort ergab
sich mehr oder weniger freiwillig der Übermacht. Nun
kamen die Amerikaner also auch zu uns. In Coburg und
Neustadt wurde gekämpft. Mit unbestimmten Gefühlen
erwartete Mitwitz das Nahen der Panzer. Wie mögen

sich die Soldaten verhalten? Wird der Ort von Zerstörung verschont? Ist das der letzte Abend, an dem wir das Dorf heil und fast unbeschädigt sehen? Nie stand es uns, auch uns Frankfurtern näher, als in diesen gefahrvollen Stunden. Auf alles mussten wir gefasst sein.

Wir schleppten Dinge, die uns lieb waren und die wir am nötigsten brauchen würden in den Keller oder in den Bergstollen. Wenn die Artillerie gar zu heftig schoss und die Tiefflieger bedrohlich näher kamen, verliessen wir unsern Fensterplatz in der Feickschen Gaststube oder die Bank unter der Linde vor dem Haus und suchten Zuflucht im Stollen. Stundenlang verbargen sich bedrohte Menschen in der schützenden Tiefe des Berges. Der mitleidige Berg dämpfte die grausamen Töne der Kanonen, aber als sie schwiegen und die Herzhaftesten sich aus dem Stollen wagten, bot sich ihnen ein schauriger Anblick. Das Haus des Gastwirts Rempel brannte lichterloh. Züngelnde Flammen flackerten in den schwarzen Nachthimmel und frassen gierig, was Menschenhände geschaffen hatten.

Wie atmeten wir auf, als wir sahen, dass unser Haus Feick unversehrt dastand. Lediglich ein Streifschuss hatte den Giebel getroffen. Unserer Arbeitsstätte war nichts geschehen. Müde von der Aufregung der vergangenen Stunden traten wir in die Gaststube. Da, zu unserer grössten Freude bekamen wir trotz der vorgerückten Zeit noch unser Abendessen. Selten haben uns die Kartoffeln und der Quark so gut geschmeckt wie an diesem Abend.

Am folgenden Morgen wurde in Mitwitz die weisse Fahne gehisst, und gegen 10 Uhr, es war am Freitag, dem 13. April, fuhren die Amerikaner mit ihren Panzern und Autos und modernsten Waffen ein, bestaunt von den Einwohnern, die solche Fülle der Technik noch nicht gesehen hatten.

So war Mitwitz also unter amerikanischer Besatzung. Aber nach einigen Tagen schon ging alles seinen gewohnten Gang. Die Bauern bearbeiteten ihre Felder, und aus dem Feickschen Saale hörte man bald wieder das Klappern der Schreibmaschinen.

Anhang 3

Bericht über Bücherverluste bei der Ausweichstelle Mitwitz
vom 5. Januar 1951
(ISG AK 880, Bl. 19)

Frankfurt a.M., den 5. Januar 1951
Untermainkai 14

I 1327?

18

An das
Kulturamt
Frankfurt a.M.
Eltestr. 46

Betrifft: Bücherverluste bei der Auswe...

Am 31.7.1950 wurden der Stadt- und Universitätsbibliothek durch einen
Angestellten der AEG, Herrn Paul Lucas, Drewer über Rüthen (Westfalen),
drei Bände aus ihrem Bestand gebracht. Es handelt sich um eine Handschrift
(Sign. Ms Or II,4) aus dem Nachlass von Rüppell und zwei Druckbände. Die
Handschrift ist ein sehr kostbares abessinisches Manuskript, das praktisch
unersetzlich ist.

Auf Befragen teilte der Überbringer mit, daß er die Bücher am Tage der
Besetzung Thüringens durch die Russen (3.7.1945) gefunden habe und zwar auf
dem Wege zwischen Neustadt bei Coburg und Mitwits. Nach seinen Aussagen
hat er im Wald kurz vor Mitwits eine aufgebrochene Kiste gefunden, aus der
er diese Bücher mitgenommen hat. Nach zwei Tagen, als er denselben Weg
wieder passierte, war die Kiste nicht mehr da.

Zu diesen Aussagen hat Fräulein Dr. Binder, die die Auslagerungsarbeiten
geleitet hat, folgendes festzustellen:

Als die Russen am 3.7.1945 den südlichsten Zipfel Thüringens besetzten,
mußten die ausgelagerten Bestände in verschiedenen Orten bei Mitwits weggebracht werden, da diese Orte an die russische Besatzungszone fielen.
Es wurden innerhalb weniger Tage mehr als 60 000 Bände mit Hilfe aller
nur aufzutreibenden Fahrzeuge - auch mit Unterstützung amerikanischer
LKWs - nach Mitwits transportiert. Bei der Rückkehr von der letzten Räumung
waren die Russen bereits 2 km vor Mitwits eingerückt. Der Fahrer weigerte
sich, mit seiner Zugmaschine und den beiden Anhängern durch das russisch
besetzte Dorf zu fahren, da er riskieren mußte, daß ihm - wie damals üblich - das Fahrzeug abgenommen wurde. Er machte deshalb einen Umweg durch
das angrenzende Waldgelände. Bei der allgemeinen Aufregung infolge des
russischen Einmarsches und wegen der Dunkelheit ist von dem damals mitfahrenden Personal nicht bemerkt worden, daß eine Kiste vom letzten Anhänger heruntergefallen war. Da die Kisten nicht nach fortlaufenden Nummern
in den einzelnen Auslagerungsstätten untergebracht waren, ist der Verlust
auch später nicht bemerkt worden.

Bei der Rückführung der ausgelagerten Bestände nach Frankfurt a.M. sind
die Kisten gestapelt worden und - soweit es sich um Handschriftenbestände
handelte - nicht ausgepackt worden, da es an geeigneten verschließbaren
Räumen fehlte.

Die Angaben des Herrn Lucas über Ort und Zeit seines damaligen Fundes
stimmen mit den Tatsachen völlig überein. Auf die Frage, warum er erst
jetzt die Bände abgebe oder zumindest nicht vorher davon Kenntnis gegeben
habe, machte er glaubhafte Angaben darüber, daß er die Bücher mit seinen
eigenen Sachen verpackt habe, von seiner Firma aus - die AEG hatte zur

damaligen

Stadt- und Universitätsbibliothek
16 Frankfurt am Main
Untermainkai 14

Frankfurt a.M., den 5. Januar 1951
Untermainkai 14

An das
Kulturamt
F r a n k f u r t a. M.
Elbestr. 48

Betrifft: Bücherverluste bei der Ausweichstelle Mitwitz

Am 31.7.1950 wurden der Stadt- und Universitätsbibliothek
durch einen Angestellten der AEG, Herrn Paul Lucas, Drewer
über Rüthen (Westfalen), drei Bände aus ihrem Bestand gebracht. Es handelt sich um eine Handschrift (Sign. Ms Or
II,4) aus dem Nachlass von Rüppell und zwei Druckbände.
Die Handschrift ist ein sehr kostbares abessinisches Manuskript, das praktisch unersetzlich ist.
Auf Befragen teilte der Überbringer mit, daß er die Bücher
am Tage der Besetzung Thüringens durch die Russen
(3.7.1945) gefunden habe und zwar auf dem Wege zwischen
Neustadt bei Coburg und Mitwitz. Nach seinen Aussagen hat
er im Wald kurz vor Mitwitz eine aufgebrochene Kiste gefunden, aus der er diese Bücher mitgenommen hat. Nach
zwei Tagen, als er denselben Weg wieder passierte, war die
Kiste nicht mehr da.
Zu diesen Aussagen hat Fräulein Dr. Binder, die die Auslagerungsarbeiten geleitet hat, folgendes festzustellen:
Als die Russen am 3.7.1945 den südlichsten Zipfel Thüringens besetzten, mußten die ausgelagerten Bestände in verschiedenen Orten bei Mitwitz weggebracht werden, da diese

Orte an die russische Besatzungszone fielen. Es wurden innerhalb weniger Tage mehr als 60 000 Bände mit Hilfe aller nur aufzutreibenden Fahrzeuge – auch mit Unterstützung amerikanischer LKWs – nach Mitwitz transportiert. Bei der Rückkehr von der letzten Räumung waren die Russen bereits 2 km vor Mitwitz eingerückt. Der Fahrer weigerte sich, mit seiner Zugmaschine und den beiden Anhängern durch das russisch besetzte Dorf zu fahren, da er riskieren mußte, daß ihm – wie damals üblich – das Fahrzeug abgenommen wurde. Er machte deshalb einen Umweg durch das angrenzende Waldgelände. Bei der allgemeinen Aufregung infolge des russischen Einmarsches und wegen der Dunkelheit ist von dem damals mitfahrenden Personal nicht bemerkt worden, daß eine Kiste vom letzten Anhänger heruntergefallen war. Da die Kisten nicht nach fortlaufenden Nummern in den einzelnen Auslagerungsstätten untergebracht waren, ist der Verlust auch später nicht bemerkt worden.

Bei der Rückführung der ausgelagerten Bestände nach Frankfurt a. M. sind die Kisten gestapelt worden und – soweit es sich um Handschriftenbestände handelte – nicht ausgepackt worden, da es an geeigneten verschließbaren Räumen fehlte.

Die Angaben des Herrn Lucas über Ort und Zeit seines damaligen Fundes stimmen mit den Tatsachen völlig überein. Auf die Frage, warum er erst jetzt die Bände abgebe oder zumindest nicht vorher davon Kenntnis gegeben habe, machte er glaubhafte Angaben darüber, daß er die Bücher mit seinen eigenen Sachen verpackt habe, von seiner Firma aus – die AEG hatte zur damaligen Zeit einen Teilbetrieb in Neustadt bei Coburg – verschiedentlich versetzt worden sei und sich um die verpackten Bücher nicht weiter gekümmert habe. Anlässlich eines dienstlichen Aufenthalts in Frankfurt a. M. hat er sie freiwillig mitgebracht und hier abgegeben.

In Anbetracht dieses ehrlichen Verhaltens und der Kostbarkeit der zurückgegebenen Bücher scheint es uns angebracht, daß der Finder einen Finderlohn erhält, wenn er auch einen solchen nicht etwa gefordert hat. Wir bitten deshalb zu veranlassen, daß an Herrn Paul Lucas ein Betrag von DM 50.- bis 100.- als Dank der Stadt Frankfurt für die Rettung dieses kostbaren Besitzes überwiesen wird, der ohne Zweifel in Verlust geraten oder von den Russen beschlagnahmt worden wäre, wenn Herr Lucas die Bände nicht an sich genommen hätte.

Im Auftrage:
gez. Wehmer[1]

---

[1] Dr. Carl Wehmer war seit 1949 stellvertretender Bibliotheksleiter der Stadt- und Universitätsbibliothek.

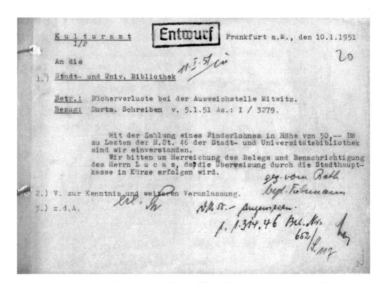

K u l t u r a m t   **Entwurf**   Frankfurt a.M., den 10.1.1951
I/P

An die

1.) Stadt- und Univ. Bibliothek

Betr.: Bücherverluste bei der Ausweichstelle Mitwitz.
Bezug: Dorts. Schreiben v. 5.1.51 Az.: I / 3279.

Mit der Zahlung eines Finderlohnes in Höhe von 50,-- DM
zu Lasten der H.St. 46 der Stadt- und Universitätsbibliothek
sind wir einverstanden.
Wir bitten um Herreichung des Belegs und Benachrichtigung
des Herrn L u c a s, daß die Überweisung durch die Stadthaupt-
kasse in Kürze erfolgen wird.

2.) V. zur Kenntnis und weiteren Veranlassung.

3.) z.d.A.

Antwort des Kulturamts betreff Zahlung eines Finderlohns
(ISG AK 880, Bl. 20)

Quellen und Literatur

Quellen

Abschlußbericht Binder
: Abschlußbericht über die Tätigkeit der Stadt- und Universitätsbibliothek, Ausweichstelle Mitwitz, Berichtszeit 1.3.1945–30.11.1946 (ISG AK 313).

Abschlußbericht Knorr
: Abschlußbericht über meine Tätigkeit in Oberfranken vom 1. Mai 1944–28. Februar 1945 (Institut für Stadtgeschichte Frankfurt am Main, Stadt- und Universitätsbibliothek 201).

Bericht Rechnungsprüfungsamt
: Bericht von zwei Beamten des Rechnungsprüfungsamts vom 12. Dezember 1944 über eine Dienstreise zur Geschäftsprüfung bei der Ausweichstelle Mitwitz (26.11. bis 01.12.1944) (Institut für Stadtgeschichte Frankfurt am Main, Akten Stadtkämmerei 2.623).

Binder, Frankfurter Bibliotheken
: Johanna Binder, Die Frankfurter Bibliotheken [Zusammenfassung über die Jahre von 1939 bis 1943/44], datiert vom 25.9.1948 (Institut für Stadtgeschichte Frankfurt am Main, Stadt- und Universitätsbibliothek 201).

Hüttermann
: Hildegard Hüttermann, Wisst Ihr noch ... im Jahre 1945 ...? Typoskript mit Erinnerungen an die Zeit in Mitwitz, Weihnachten 1945 (UB JCS, Hss.-Abt., Ms. Ff. A. Will 4).

Hüttermann/Neef
: Hildegard Hüttermann / Hilde Neef, Typoskript mit Erinnerungen und Anekdoten aus der Zeit der Auslagerung in Mitwitz in Gedicht- und Prosaform, Weihnachten 1946 (UB JCS, Hss.-Abt., Ms. Ff. A. Will 5).

ISG AK
Institut für Stadtgeschichte Frankfurt am Main, Akten
Kulturamt.

UB JCS, Hss.-Abt.
Universitätsbibliothek Johann Christian Senckenberg,
Handschriftenabteilung.

Will
Autorisierte Niederschrift über fünf Gespräche, die der
Verfasser zwischen 2012 und 2015 mit Frau Annemarie
Will geb. Rohrbach (geb. 1926) über ihre Zeit als Biblio-
theksanwärterin in Mitwitz (1944–1946) führte, nach-
dem sie sich als Zeitzeugin gemeldet hatte (UB JCS, Hss.-
Abt., Ms. Ff. A. Will 6).

Literatur

Binder
Johanna Binder, Die Stadtbibliothek 1939–1950, in: Bib-
liotheca Publica Francofurtensis. Fünfhundert Jahre
Stadt- und Universitätsbibliothek Frankfurt am Main.
Textband, hrsg. von Klaus-Dieter Lehmann, Frankfurt
am Main 1984, S. 205–226, bes. S. 209–218.

Fischer
Franz Fischer, Die Freiherrlich Carl von Rothschildsche
Bibliothek (Bibliothek für neuere Sprachen und Musik)
1928–1945, in: Die Rothschild'sche Bibliothek in Frankfurt am Main, Red.: Jochen Stollberg (Frankfurter Bibliotheksschriften 2), Frankfurt am Main 1988, S. 68–100.

Goldschmidt
Die abessinischen Handschriften der Stadtbibliothek zu
Frankfurt am Main (Rüppell'sche Sammlung) nebst An-
hängen und Auszügen, verzeichnet und beschrieben von
Lazarus Goldschmidt, Berlin 1897.

Kießling
    Edith Kießling, Die Stadt- und Universitätsbibliothek
    Frankfurt am Main. Blüte, Untergang und Wiederaufbau
    einer Bibliothek, Frankfurt am Main 1969.

Knorr
    Friedrich Knorr, Die Frankfurter Bibliotheken in Ober-
    franken, in: Jahrbuch der Coburger Landesstiftung 1970,
    S. 161–180.

Knorr (1965)
    Friedrich Knorr, Die Stadt- und Universitätsbibliothek
    Frankfurt a.M. in Mitwitz, in: Willi Schreiber, Die letzten
    Tage des 2. Weltkrieges im Landkreis Kronach, Kronach
    1965, S. 72–75.

Bildnachweis

Seite 12
Aus Robert Mertens: Eduard Rüppell: Leben und Werk eines
Forschungsreisenden. Frankfurt a. M.: Kramer 1949, Bild 12
vor S. 49

Seiten 18, 19, 20, 23, 25, 27, 68, 69, 70
Aus Beständen der Universitätsbibliothek Johann Christian
Senckenberg, Frankfurt am Main

Seite 30
Aus dem Amtlichen Handbuch des Deutschen Bundestages,
4. Wahlperiode [1961], S. 244

Seiten 31, 42, 64, 66, 67, 100, 104
Aus Beständen des Instituts für Stadtgeschichte

Seiten 33, 36, 40, 44, 58, 59
Fotos von Bernhard Tönnies

Seiten 35, 74
Fotos von Heidrun Dragendorff

Seite 50
Foto von Annemarie Will

Seite 52
Anneliese Rothenberger Stiftung Zürich